# KRAFTSTOFF

## REZEPTE FÜR MASSE

VON

FAITH WALKER

NOVAGENICS

CIP-Titelaufnahme der deutschen Bibliothek:
Faith Walker
Kraftstoff – Rezepte für Masse
1. Auflage Novagenics Verlag 1993


Alle Zeichnungen von Leon Bach

# Inhalt

»WIR KÖNNEN OHNE POESIE, MUSIK UND KUNST LEBEN,
WIR KÖNNEN OHNE GEWISSEN LEBEN, UND OHNE HERZ;
WIR KÖNNEN OHNE FREUNDE LEBEN,
WIR KÖNNEN OHNE BÜCHER LEBEN,
ABER ZIVILISIERTE MENSCHEN KÖNNEN NICHT
OHNE KÖCHE LEBEN.«

E.R. BULWER-LYTTON, 1860

# Einleitung

## Essen für Masse

Ernährungsberatung und -information nehmen heute einen hohen Stellenwert ein. Gewisse Richtlinien zur gesunden Ernährung haben sich durchgesetzt und werden von einigen Meinungsführern verbreitet; sie müssen aber nicht auf jeden Menschen zutreffen. Das vorliegende Buch wendet sich gegen diese »allgemein gültigen« Theorien und die Art, wie sie – ohne Beachtung von individuellem Stoffwechsel oder Lebensstil – verbreitet werden .

Die Ernährung ist eine individuelle Sache. An Menschen, die danach streben, ihr Gewicht nicht zu halten, sondern zu steigern, besonders jene die Bodybuilding betreiben, kann kein normaler Maßstab angelegt werden. Wie sollte jemand mit gewöhnlicher Kost mehr als einen durchschnittlichen Körperbau erreichen?

Hardgainer sind anders. Ich weiß es, denn ich bin selbst einer. Wir haben einen schnelleren Stoffwechsel als die meisten Menschen, was eine Gewichtszunahme erschwert, und wir betreiben einen Sport, den die meisten »normalen« Leute bestenfalls merkwürdig finden.

Dieses Buch wurde von einem Hardgainer für Hardgainer geschrieben, ganz gleich ob Sie gewaltige Muskelmasse aufbauen oder einfach nur aus der Menge der »dünnen« Leute heraustreten möchten. KRAFTSTOFF propagiert eine vernünftige Sporternährung und wird Ihren Weg zu einem athletischen Körper eher verkürzen als die neueste Entwicklung der Nahrungsergänzungsmittel-Industrie. Willkommen in der Welt der natürlichen Kraftnahrung.

**Faith Walker 1992**

»WENN DU JUNG UND SCHLANK AUSSEHEN WILLST, UMGIB DICH MIT FETTEN, ALTEN LEUTEN.«

JIM EASON

# Küchenhilfe

Manche Menschen haben einen furchtbaren Horror vor der Küchenarbeit. Dabei ist Kochen nun wirklich keine schwere Sache. Vielleicht rührt das daher, daß man sich dabei, ähnlich einem Künstler, der seine Werke ausstellt, möglichen negativen Kritiken aussetzt.

Egal, ob Sie sich für das Kochen begeistern können oder nicht, es muß nun mal erledigt werden (es sei denn, Sie haben Glück und heiraten jemanden wie mich). Bei dem Aufbau von Muskelmasse haben Sie ja auch keine andere Alternative als hartes Krafttraining. Kochen kann schon einmal zu einer störenden Unterbrechung unseres Terminplans führen, aber hungrig zu sein, ist – gelinde gesagt – kein angenehmer Geisteszustand.

Der Zeitaufwand für die Zubereitung einer Mahlzeit hält sich bei entsprechender Vorbereitung in Grenzen. An erster Stelle steht eine ordentlich ausgerüstete Küche. Das erfordert keine laufenden Ausgaben in Höhe Ihres monatlichen Studiobeitrages, aber eine kleine Investition ist schon nötig. Wenn Sie dafür ein wenig von dem Geld aufwenden, das Sie sonst vielleicht für Nahrungsergänzungspräparate ausgeben und es in Küchen-Utensilien anlegen, so sind Sie damit unzweifelhaft besser bedient.

Ich selbst verfüge über keine außergewöhnlich ausgerüstete Küche; auch mir fehlen viele Dinge, die eigentlich notwendig sind. So habe ich es zum Beispiel bis heute nicht geschafft, mir ein Backblech zu kaufen. Ich benutze statt dessen meine rechteckige Auflaufform. Mit ein wenig Phantasie läßt sich also auch hier Geld sparen. Sie sollten aber über folgende Küchengeräte verfügen:

- 1 gutes Schälmesser
- 1 gutes Schneidemesser
- Knoblauchpresse
- Reibeisen oder Salat-Schießer
- Mixer
- Große Eisenpfanne
- Soßentopf
- Suppentopf
- Gläserne Auflaufform
- Kasserole mit Deckel

Neben diesen Küchengeräten rate ich Ihnen ebenfalls zur Anschaffung einiger Kräuter und Gewürzmischungen, welche die Zubereitung vieler Gerichte erleichtern und Ihrer Kochkunst den richtigen Pfiff geben.

- Knoblauchpulver
- Chilipulver
- Getrocknete Petersilie
- Italienische Gewürzmischung
- Fisch-, Geflügel- und Gemüsegewürz
- Pfeffer
- Kümmel
- Cayennepfeffer
- Rotweinessig
- Weißweinessig
- Worchestershire Soße

Andere Zutaten, wie Thymian, Basilikum, Oregano etc., lassen sich ebenfalls gut einsetzen, aber mit den oben aufgeführten Gewürzen kommen Sie immer zurecht.

Rührei? Geben Sie etwas von dem Gemüsegewürz hinzu. Einfache Spaghetti? Ein wenig italienische Gewürzmischung darüber. Chili? Ein bißchen zusätzliches Chilipulver. Ihre Freunde werden annehmen, Sie wären über Nacht ein besserer Koch geworden.

Fertige Gewürzmischungen sind nicht zu verachten; hier hat bereits jemand die ganze Vorarbeit geleistet und alle richtigen Kombinationen und Mischungsverhältnisse herausgefunden (und die meisten dieser Leute haben ihre Arbeit gut gemacht).

Bei einigen Rezepten in diesem Buch werden Sie auf Bezeichnungen stoßen, die Ihnen vielleicht nicht vertraut sind. Ich spreche von Tortillas, Enchiladas und Salsa. Tortillas sind mexikanische Maisfladen; Enchiladas sind gefüllte Tortillas; Salsa ist die bekannte würzige Tomatensoße dazu (auch aus Mexiko). Jede bessere Feinkostabteilung im Supermarkt oder Feinkostgeschäfte sollten diese Sachen im Programm haben. Falls Sie mexikanische Zutaten nicht in Ihrer Nähe kaufen können, ist das auch nicht weiter schlimm: Am Ende dieses Buches sind die Rezepte dafür aufgelistet. Die Zubereitung ist wirklich kinderleicht.

Die in mehreren Gerichten verwendeten Pfefferschoten werden in milde und pikante unterschieden. Milde Sorten sind grüne, gelbe oder rote Gemüsepaprika oder Pepperoni. Pikante sind grüne oder rote Gewürzpaprika oder Chilis. Probieren Sie einfach die verschiedenen Sorten und finden die Ihrem Geschmack entsprechende heraus.

Und wenn Sie von Pekan-Nüssen (die Frucht des Hickory-Baumes) oder Jamswurzeln (eine stärkehaltige Wurzelknolle, die in Südamerika sehr verbreitet ist) noch nichts gehört haben, fragen Sie einfach Ihren Lebensmittel-Händler. Sollten Sie wider Erwarten weder die Nüsse noch die Jams auftreiben können, so ersetzen Sie Pekan-Nüsse nach Belieben durch Walnüsse, Para- oder Haselnüsse, und Jams durch Kohlrabi, Schwarzwurzeln oder Spargel (alle drei Gemüse sind geschmacklich zwar kein optimaler Ersatz, aber auch nicht zu verachten).

Ich würde Ihnen empfehlen, bestimmte Nahrungsmittel stets vorrätig zu haben. Wenn Sie das nächste Mal einkaufen, vergessen Sie folgende Grundnahrungsmittel nicht:

- **Thunfischkonserven**
- **Milch, Brot, Eier, Käse und Butter**
- **Joghurt**
- **gebackene Bohnen**
- **Chilikonserven**
- **Reis (normal und schnellkochend)**
- **Nudeln und Nudelsoßen**
- **Pilze und Kartoffeln**
- **Bananen**

Allein mit diesen Lebensmitteln können Sie eine ganze Reihe von Mahlzeiten schnell und einfach zubereiten; dabei speisen Sie billiger und gesünder, als wenn Sie auswärts essen. Es sollte hinzugefügt werden, daß frische Nahrungsmittel stets Konserven oder Tiefkühlkost vorzuziehen sind. Je weniger ein Lebensmittel vorbehandelt wurde, desto nahrhafter ist es. In Anbetracht der oft knapp bemessenen Zeit für die Zubereitung läßt sich aber doch im einen oder anderen Fall ein angemessener Ersatz für frisch Zubereitetes finden; in manchen Fällen habe ich darauf zurückgegriffen, um die Rezepte einfach zu halten.

Die Küche ist ein angenehmer, gemütlicher Platz. Haben Sie schon bemerkt, daß sich auf Parties immer einige Gäste in der Küche aufhalten? Die meisten Leute haben eben Spaß am Essen, und für uns Hardgainer ist es besonders angenehm, weil wir auf diese Weise unseren Hunger mit einer Vielzahl von vorzüglichen und verwerflichen Gerichten stillen können.

Ich hoffe, mein Buch trägt dazu bei, das Band zwischen Ihnen und Ihrer Küche zu festigen; falls Sie sich das Kochen vorher nicht zugetraut haben, sollten Sie einfach zuversichtlicher sein. Wenn Sie bereits ein guter Koch sind, so hoffe ich, daß Ihnen durch meine Experimente selbst einige gute Ideen kommen. Essen ist eine überaus angenehme Beschäftigung, und wenn meine Tips Ihnen helfen, die täglichen Mahlzeiten zu einem größeren Genuß zu machen, so habe ich wenigstens eines meiner Ziele erreicht.

◆

»GESUNDER MENSCHENVERSTAND EXISTIERT TROTZ,
NICHT DURCH ERZIEHUNG«

VICTOR HUGO

# Frisch und roh genießen

Jahrelang hat mich mancher belächelt, weil ich viel Zeit und Geld darauf verwende, unbehandelte und frische Ware in Bioläden oder Reformhäusern zu kaufen. Ein gewichtiges Argument gegen diesen zusätzlichen Aufwand wäre, daß es keine Gewähr dafür gibt, ob die dort angebotenen »Bio«-Lebensmittel wirklich unbedenklich sind, da die Kontrollen in der Regel mehr als dürftig ausfallen. Darauf kann ich nur antworten: Probieren Sie einfach – einen biologisch angebauten Apfel zum Beispiel. Diese Frucht ist vielleicht nicht so groß oder schön anzusehen wie die in einem typischen Lebensmittelgeschäft, aber Sie werden sich, beachtet man den Unterschied in Geschmack und Frische, an die hervorragende Qualität schnell gewöhnen.

Qualitativ hochwertige, ökologisch angebaute Lebensmittel können den Geschmack jeder Mahlzeit entscheidend verbessern, und frisches Gemüse und Fleisch enthalten überdies bedeutend mehr Nährstoffe.

Doch es gibt noch einen anderen Grund, biologisch unbedenklichen Waren den Vorzug zu geben: Sie demonstrieren so Ihre Unterstützung für natürliche Anbaumethoden und verpassen der industriell orientierten Landwirtschaft und der Massentierhaltung einen Denkzettel (in Form von entgangenen Profiten), was diese Unternehmen auf lange Sicht vielleicht dazu bringt, sich ebenfalls natürlichen Anbaumethoden und artgerechter Tierhaltung zuzuwenden.

Als »Natural Bodybuilder«, der sich gegen den Einsatz von Steroid- und Wachstumshormonen im Bodybuilding wendet, wäre es doch geradezu paradox, diese Substanzen durch das Fleisch aufzunehmen, das Sie im Supermarkt kaufen. Natürliche Lebensmittel sind zwar teurer, aber ein altes Sprichwort sagt: Man bekommt, was man bezahlt! Frisch, roh und/oder biologisch unbedenklich ist definitiv die bessere Wahl. Das trifft auf alle Naturprodukte zu.

Für die meisten Hardgainer sind Nahrungsmittel aus Milch als Kalorien- und Proteinquelle unverzichtbar. Nahezu alle im Handel erhältlichen Molkereiprodukte sind pasteurisiert und homogenisiert. Sie haben also Prozesse durchlaufen, bei denen sie auf hohe Temperaturen erhitzt wurden, um Bakterien abzutöten. Dieses Verfahren vernichtet aber auch nahezu alle vorteilhaften Eigenschaften und reduziert so den Nährstoffgehalt dieser Lebensmittel. Hier gilt: Frischer Milch, reiner Butter und unbehandeltem Käse ist der Vorzug zu geben.

Leider sind Frischmilchprodukte nicht überall erhältlich, und wo man sie bekommt, sind sie gewöhnlich teurer als die Vielzahl der behandelten. Obwohl ihre Herstellung sorgfältig kontrolliert wird (mehr als die handelsüblicher Standardkost), haftet Lebensmitteln aus frischer Milch in den Augen vieler falsch informierter Käufer immer noch ein Gesundheitsrisiko an. Diejenigen, welche diese Angst hervorgerufen haben, sind die gleichen Leute, die uns erzählt haben, daß der Verzehr von Eiern ungesund sei (Cholesterin) und erst kürzlich eingestehen mußten, daß sie nicht annähernd so ungesund sind, wie immer behauptet wurde.

Sie selbst können auch dazu beitragen, den Nährwert Ihrer bevorzugten Milchprodukte zu erhöhen, gerade wenn Rohprodukte zu teuer oder nirgendwo erhältlich sind. Kaufen Sie z.B. reifen Käse. Gereifter Käse ist gewöhnlich aus frischer Milch hergestellt. Kaufen Sie echte Butter statt Margarine. Margarine enthält gehärtete Fette, Stabilisatoren,

Farbstoffe, Konservierungsstoffe und andere Chemikalien (zum Teil ist heute aber auch schon gesündere Margarine erhältlich, und das nicht nur in Reformhäusern).

Ein kleiner Prozentsatz von Menschen klagt nach dem Verzehr von Milch und Milchprodukten über Verdauungsstörungen (Lactose-Intoleranz). Sie sollten daher sehr umsichtig mit anderen Lebensmitteln kombiniert werden. Stuart McRobert weist darauf hin, daß bestimmte Zusammenstellungen ein übersensibles Verdauungssystem stören können. Freddie Lindblad, der von Rheo Blair in Ernährungswissenschaft unterrichtet wurde, lehrte uns, daß Milch an sich schon eine Mahlzeit und somit eine wertvolle Bodybuilding-Nahrung darstellt. Falls Sie nicht sicher sind, wie Ihr Körper die ihm angebotene Milch verdaut, achten Sie auf seine Reaktion und verhalten Sie sich entsprechend.

Randall Strossen, Autor des Buches SUPER KNIEBEUGEN – AUFBAU VON 30 PFUND MUSKELMASSE IN 6 WOCHEN, ist von der Milch als »Bodybuilding-Nahrung erster Güte« überzeugt und präsentiert dazu ebenfalls einige gute Vorschläge: Anscheinend können Menschen mit Lactose-Intoleranz Milch vertragen, wenn Sie sie langsam, nach und nach, trinken. Ebenso sind in Reformhäusern und Apotheken lactosefreie Milchpulver (z.B. Milupa SDM, Humana SL oder Nestlè Sinlac) erhältlich. Wenn Sie also Schwierigkeiten mit der Milchverdauung haben, sollten Sie diese Alternativen ausprobieren, ehe Sie endgültig aufgeben.

Auch für Süßstoffe gilt: roh ist besser. Statt fertiger Süßstoffkonzentrate oder Einfachzuckern versuchen Sie besser Honig vom Imker, Ahornsirup, Apfelsaftkonzentrat oder dunklen Zuckersirup (Rübenkraut). Diese Süßstoffe enthalten keine Zusätze und werden auch nicht gebleicht wie handelsüblicher weißer Zucker. Naturprodukte sind unwahrscheinlich gesund, wenn sie roh verzehrt werden, und es muß nicht erst gesagt werden, daß ökologisch gewachsene noch besser sind. Ein ungespritzter Apfel mag nicht so ansehnlich sein, wie einer mit glatt eingewachster Oberfläche, aber ist er erst einmal gegessen, kann ihn ohnehin niemand mehr betrachten. Ich habe auf jeden Fall lieber einen gesund ausschauenden Körper im Bikini, als einen gesund ausschauenden Apfel im Kühlschrank.

Mit unserem Obst und Gemüse geschieht einiges, bevor es im Supermarkt landet. Diese Lebensmittel wären bedeutend nahrhafter, wenn sie auf dem Feld oder Baum ausreifen könnten. Anders gesagt, sie könnten auf diese Weise ihr volles Potential entwickeln. Wegen der langen Transportwege zu den Verkaufsstellen werden heute viele Früchte unreif gepflückt und dann für Wochen gelagert. Einige, wie Bananen und Tomaten, werden mit Gas behandelt, um während der Lagerung weiter zu reifen.

Aus diesem Grund sind tiefgefrorene Produkte hier ausnahmsweise vorzuziehen. Obst und Gemüse ist unverzichtbar für Ihre Ernährung, und am vorteilhaftesten ist es – voll ausgereift – direkt nach der Ernte einzufrieren. Ich habe herausgefunden, daß unbehandeltes, tiefgefrorenes Obst und Gemüse wirklich geschmackvoller und süßer ist. Die Kombination von gesundem Boden und natürlicher Reife ist einfach nicht zu schlagen. Hier nun einige Tips, wie sich Geschmack und Nährstoffgehalt am besten erhalten lassen:

- **Vermeiden Sie langes Herumliegen oder Anschneiden von Obst und Gemüse; dadurch gehen viele Nährstoffe verloren.**

- **Gemüse sollte nicht gekocht, sondern gedünstet werden. So bleibt es schön knackig und behält all seine Vitamine und Mineralien.**
- **Schälen Sie Obst und Gemüse nur, wenn es unbedingt erforderlich ist. Die Schale enthält viele Nährstoffe, doch sie kann mit Pestiziden, Wachs und anderen Chemikalien verunreinigt sein.**

Rohkost bietet viele Vorteile gegenüber gekochten oder vorbehandelten Lebensmitteln. Die Fasern sind in einem unbehandelten, natürlichen Zustand, was Ihr Körper unmittelbar nutzen kann. Denken Sie nur an all die Chemikalien und hocherhitzten Produkte, die wir unseren Körpern zumuten und aus denen er noch einen Nährwert ziehen soll! Es braucht nicht viel Phantasie, sich vorzustellen, daß unser Organismus jene Substanzen kaum optimal verarbeiten kann, deren Namen die meisten Menschen noch nicht einmal kennen, geschweige denn aussprechen können.

Manche Leute glauben, eine vegetarische Ernährung sei die Antwort auf alle Probleme, aber ich bin anderer Meinung. Bei der Menge an Chemikalien, die in der modernen Landwirtschaft eingesetzt werden, erscheint eine rein pflanzliche Ernährung bei genauer Betrachtung alles andere als gesund. Auch für eingefleischte Vegetarier macht es daher Sinn, naturbelassenen Produkten den Vorzug zu geben. Wenn Sie sich mehr Gedanken darüber machen, in welchen Händen Ihr sauer verdientes Geld landet, bekommen die Konzerne die Macht Ihrer Entscheidung am Geldbeutel zu spüren.

◆

»WANN IMMER ICH ZWISCHEN ZWEI ÜBELN
ENTSCHEIDEN MUSS, WÄHLE ICH DAS,
WELCHES ICH NOCH NICHT VERSUCHT HABE.«

MAE WEST

# Wichtiges zum Thema Fett

Dies ist ein Kochbuch; und Sie haben es in der berechtigten Annahme erworben, daß die Rezepte in »Kraftstoff« gut und gesund sind. Daher fühle ich mich verpflichtet, dem Leser meine Erkenntnisse über eine fettreiche Diät mitzuteilen. Manche Leute werden mir heftig widersprechen wollen, und das ist gut so, denn der Fortschritt nährt sich stets aus der Vielfalt der Meinungen und der Suche nach Wissen.

Gleich zu Anfang muß darauf hingewiesen werden, daß eine fettreiche Ernährung natürlich nicht für jeden geeignet ist, besonders nicht für Menschen mit einem langsamen Stoffwechsel oder einem hohen Cholesterinspiegel. Zwar ist selbst für den langsamsten Metabolismus eine gelegentliche kalorien- und fettreiche Mahlzeit kein Unglück, doch in der Regel sollten sich besonders die Leute mit erhöhtem Cholesterinspiegel auf fettreduzierte Diäten beschränken. Und obwohl ich für eine fettreiche Diät (ohne einfache Zucker, Weißmehl und vorbehandelte Lebensmittel) votiere, werde ich niemals einen übergewichtigen Körper einem schlanken, muskulösen vorziehen. Ich spreche davon, Fett zu essen, nicht es zu tragen. Fett ist Energie, ein Punkt, den Sie sich merken sollten. Fett ist absolut notwendig für eine optimale Funktion des Körpers, besonders wenn Sie Bodybuilding betreiben.

Neben anderen Faktoren bestimmt vor allem der Energielevel den Erfolg Ihres Trainings. Wenn Sie einen schnellen Stoffwechsel haben, sind Sie sicher schon auf das Problem gestoßen, daß Ihnen beim Training schnell die Kraft schwindet. Ich will damit sagen: Mit »leerem Tank« ins Studio zu gehen, ist schlicht vergeudete Zeit. Ohne voll aufgeladene

Energiespeicher werden Muskeln »verbrannt«, die Sie vielleicht gerade erst aufgebaut haben, und dadurch beginnen Sie mit dem Tanz »Einen Schritt vor, zwei Schritte zurück«. Vernünftiges Essen für ausreichende Energiereserven kann einen enormen Unterschied in der Entwicklung Ihres Körpers ausmachen.

Bodybuilding bedeutet progressiven Widerstand. Progressiver Widerstand bedeutet eine stete Erhöhung der Gewichte nach jedem Satz und eine Gesamtsteigerung des Gewichts im Laufe der Zeit. Durch die Bewältigung zunehmend höherer Gewichte wird der Körper gezwungen, mehr Muskeln aufzubauen. Bei dieser Aufbauarbeit ist ausreichend Energie der wichtigste Faktor. Das ganze Konzept ist wirklich so simpel, wie es klingt. Sie müssen immer schwerere Gewichte bewältigen, Ihren Körper gleichzeitig mit reichlich Nahrung versorgen, und ihm Ruhe gönnen – simpel, aber nicht einfach.

In diesem Rezeptbuch habe ich Kalorien, sowie Protein-, Kohlenhydrat- und Fettanteile in Gramm aufgelistet. Ich meine aber, daß Hardgainer dem nicht allzuviel Aufmerksamkeit widmen sollten. Lassen Sie sich lieber vom besten Bodybuilding-Ratgeber leiten, dem Spiegel. Der Spiegel (und vielleicht Ihr Trainingspartner) wird Ihnen zeigen, ob Ihre Ernährungsweise in die richtige Richtung führt. Allerdings können Sie nicht erwarten, Kilo für Kilo mehr Muskelmasse aufzubauen, und dabei immer total definiert zu bleiben. Das wäre einfach zu schön, um wahr zu sein.

Ich lebe in Venice Beach, Kalifornien, und arbeite als Autor für das älteste heute noch existierende Kraftsportmagazin der Welt, den IRONMAN. Hier gibt es mehr Bodybuilder als »normale« Menschen: »Naturals« und andere, in der Wettkampf-, und in der Aufbauphase. Glauben Sie mir, außerhalb der Wettkampfsaison haben selbst die Superstars nicht viel Ähnlichkeit mit den hart definierten Fleischbergen in den Bodybuilding-Zeitschriften. Unsere Helden werden für die Magazine nur in Top-Verfassung fotografiert. Das ist etwas, was nur durch diszipliniertes Training und äußerst strenge Diät zu erreichen ist, und die beste Form läßt sich oft nur wenige Stunden halten! Was ich Ihnen sagen will, ist folgendes: Neun von zehn Bodybuildern sehen bei Wettkämpfen sehr eindrucksvoll aus, aber es gibt durchaus Zeiten, in denen sie sich einen höheren Körperfettanteil erlauben. Mehr Fett in der Ernährung gibt auch den schweren Jungs die notwendige Energie und Kraft, mit hohen Gewichten für mehr Wachstum an den richtigen Stellen zu trainieren.

Das Gleiche gilt für alle Bodybuilder. Wenn Sie mehr Muskelmasse aufbauen wollen, sollten auch Sie sich ein bißchen »zusätzliches Gewicht« erlauben. Ein bekannter Kraftsportler hat es einmal so ausgedrückt: Man kann zehn Kilo zunehmen, fünf wieder verlieren und die anderen fünf als reine Muskelmasse halten. Das ist ein stetiger und manchmal quälend langsamer Prozeß. Nicht selten dauert es Jahre, bis man sich im Spiegel von oben bis unten, von vorn und hinten, betrachten und sagen kann: Ja, das ist es!

Fett wird langsamer verdaut als andere Nahrung. Fleisch, wie Sie vielleicht wissen, hält sich im Organismus länger als jedes noch so nahrhafte Gemüse. Fleisch ist wichtig für Leute, die zunehmen wollen. Weil es schwerer zu verdauen ist, sollte es besser in kleinen Mengen verzehrt werden. Gehen Sie aber sicher, gleichzeitig auch frisches Gemüse und Obst zu essen. Gewöhnlich wird Ihr Körper nach dem verlangen, was er braucht (nein, ich meine keine Süßigkeiten). Es kann sein, daß Sie innerhalb einer Woche drei- oder viermal Fleisch essen und dann erst wieder einige Wochen später ein Verlangen danach haben. Das Gleiche trifft auf kalorien- und fettreiche Milchprodukte zu. Diese Nahrungsmittel sind wichtig für Training und Ernährung; doch irgendwann erreicht der Organismus eine Grenze und sie erscheinen nicht mehr so appetitlich, wie zuvor. Dann hören Sie auf Ihren Körper und verzichten darauf. Nur Sie selbst können erkennen, was Sie fühlen. Andere können Ihnen da wenig helfen.

Bei der Auswahl von Lebensmitteln machen viele Menschen einen Fehler: Sie lassen den Fettgehalt darüber entscheiden, ob etwas gegessen wird oder nicht. Ich bezweifle ernsthaft, daß Sie ein Auto kaufen würden, ohne zuvor eine Probefahrt gemacht zu haben oder ein Haus kaufen, ohne es sich erst von innen anzusehen. Warum aber wollen so viele Leute Ihre Nahrung nach dem Etikett auf der Verpackung zusammenstellen, statt sich nach Geschmack und Nährwert zu richten?

In früheren Zeiten wurden die meisten Lebensmittel und ihre Bestandteile nicht derart aufgeschlüsselt, warum also ist es für die heutige Ernährung so wichtig? Weil »Die« Ihnen erzählt haben, daß eine fettreiche Diät ungesund ist, nicht wahr? »Die« wissen aber nichts über Ihre Trainingspläne, Ihr Energieniveau oder Ihr Verdauungssystem; das wissen nur Sie selbst.

Wenn Sie Muskelmasse aufbauen wollen, müssen Sie lernen, sich selbst zu vertrauen. Pfeifen Sie auf alle, die Ihnen weismachen wollen, bestimmte Lebensmittel wären ungesund, nur weil »Die« es behauptet haben. Natürlich verkaufen »Die« Ihnen lieber Margarine, Eipulver, fettarme Milch, fettarmes Dies und fettarmes Das. Die meisten dieser Lebensmittel sind aber überbehandelt und das ach so teuflische Fett wurde durch andere Bestandteile und Chemikalien ersetzt. Wohl kaum ein gesunder Tausch, aber sicher ein finanzieller Gewinn für »Die«. Erinnern Sie sich: Fett ist Energie, Fett ist Kraft, und in den richtigen Mengen (der Spiegel wird Ihnen ein verläßlicher Ratgeber sein) ist Fett gut für Sie.

◆

»NUR WENIGE DINGE SIND EINEM MANN WICHTIGER ALS DAS ESSEN.«

SAMUEL JOHNSON, 1786

# Körper und Geist

Wenn wir in seinem Studio trainierten, zeigte Vince Gironda des öfteren auf die Einrichtung und sagte: »Schaut nur, hier liegt eine Menge Eisen herum. Doch die Gewichte machen keinen Bodybuilder. Das hier (dabei tippte er sich mit dem Finger an die Stirn) läßt den Körper wachsen. Da hinten liegen nur Hanteln; die allein machen euch nicht stärker. Ihr müßt den Geist trainieren.« Das sehe ich heute ebenso. Viele Dinge tragen zum Erfolg im Bodybuilding bei und alle hängen davon ab, wie Sie Ihren Grips einsetzen.

Die richtige Einstellung kann sogar die Wirksamkeit Ihrer Aufbau-Diät und Nahrungsaufnahme dramatisch verbessern. Jack LaLanne drückt das in seinem SET-O-MATIC-Trainingsbuch so aus: »Sei heiter und froh wenn Du ißt, und denke immer daran, daß all die guten Sachen, die Du verzehrst, einen starken und gesunden Körper aufbauen...« Aufregung, Streß oder Übertraining können sich negativ auf Ihre Verdauung auswirken. Viele Leute reagieren mit dem einen oder anderen Extrem auf Schock oder Depression; entweder stopfen sie sich voll oder sie können nichts mehr essen. Unnötig zu betonen, daß beides ungesund ist.

Für Ihre Gesundheit und die Entwicklung eines muskulösen Körpers müssen Sie sich mit positiven Gedanken »füttern«. Behalten Sie die Versorgung Ihres Geistes im Auge! Ernähren Sie ihn nach besten Kräften, wenn Sie mit sich selbst reden.

Falls Sie zu den »Natural Bodybuildern« zählen, also Hormondoping ablehnen, ist es sehr gut möglich, daß Sie übertrainieren und so Ihre Fortschritte gefährden. Ruhe ist deshalb nicht nur wichtig, sondern entscheidend. Die Qualität der Regeneration bestimmt den Erfolg Ihres nächsten Trainings. Sind die Muskeln noch erschöpft, dann fühlen Sie sich müde und schlapp und werden keine großen Leistungen bringen, was wiederum negative Gedanken hinterläßt. Einer der wichtigsten Punkte für kontinuierliche Fortschritte im Muskelaufbau ist daher die Ernährung an den Ruhetagen.

Ihre geistige Nahrung sollte aus einer positiven, beruhigenden und leicht verdaulichen »Kost« bestehen – Selbstbestätigung. Versuchen Sie, sich klar zu machen, wie erholsam eine Pause sein kann, mit welcher Energie Sie beim nächsten Training wieder loslegen können, wie wichtig diese »Auszeit« wirklich ist, weil Sie dadurch die Gelegenheit haben, Zeit mit Freunden oder der Familie zu verbringen, einem anderen Hobby oder Ausgleichssport nachzugehen. Vergessen Sie nie, daß es auch ein Leben außerhalb des Studios gibt.

Ebenso wichtig ist natürlich die Ernährung Ihres Körpers: Es ist sehr gut möglich, besonders bei einer Trainingspause von einer Woche (die sich übrigens alle zwei bis drei Monate empfiehlt), daß Sie Ihre Eßgewohnheiten anpassen müssen. Wenn Sie bei den gewohnten Nahrungsmengen bleiben, so ist das der schnellste Weg, um Masse an den falschen Stellen aufzubauen. Falls Sie jetzt daran denken, auf Ihre Erholungstage zu verzichten, liegen Sie falsch. Nutzen Sie lieber Ihr mächtigstes Werkzeug, den Verstand, und begreifen Sie, daß eine Einschränkung des Trainings unbedingt eine Reduzierung der Nahrungsaufnahme nach sich ziehen muß.

Sollten Sie doch einmal von diesen Richtlinien abweichen, oder, anders ausgedrückt, so richtig schlemmen, ist das aber auch nicht weiter schlimm – genießen Sie jeden Bissen und jeden Schluck. Ein schlechtes Gewissen verdoppelt quasi die negativen Folgen Ihrer Ausschweifung. Gleichermaßen wichtig ist es, daß Sie Ihre Ziele und Pläne realistisch einschätzen. Ganz gleich, wie Sie sich in Ihrer Vorstellung sehen: Nicht alles läßt sich auf das Training im Studio übertragen. Jeder von uns muß mit seinem individuellen genetischen Potential leben, das ist nun einmal so. Als Hardgainer haben wir eine Menge harter Arbeit zu leisten, ehe wir die Früchte unseres Tuns genießen können. Inwieweit wir unseren Körper verändern können, hängt nicht nur von unserer Veranlagung ab, sondern auch von der Intensität und Konsequenz, mit der wir an dieser Vorgabe arbeiten.

**Empfohlene Lektüre**

**Ernährung**

Arndt: Die Steroid Alternative (Novagenics)
Arndt: Leistungssteigerung durch Aminosäuren (Novagenics)
Polachowski: Power Food (Novagenics)

**Training**

Holman: Home Gym Handbuch (Novagenics)
Strossen: Super Kniebeugen (Novagenics)

»EIN HUNGRIGER MANN IST EIN BÖSER MANN«

JAMES HOWARD, 1659

# Rindfleisch

»MAN BEZAHLT BESSER DEN METZGER ALS DEN DOKTOR.«

DEUTSCHES SPRICHWORT

# LEBER MIT REIS

1 Rinderleber
1 Zwiebel, geschnitten
3 EL Butter
1 Tasse Reis
1 Dose geschälte Tomaten (800g)

- Den Reis kochen
- Zwiebeln in der Butter bräunen und wieder aus der Pfanne nehmen
- Leber in kleine Stücke schneiden und gut durchbraten
- Zutaten in eine Kasserole legen – erst die Zwiebeln, dann die Leber, danach den Reis, und obenauf die Tomaten
- Im Backofen bei 175 Grad für 20 Min. backen

**4 Portionen**

| | |
|---|---|
| Kalorien: | 392 |
| Protein: | 22 |
| Kohlenhydrate: | 43 |
| Fett: | 14 |

Leber ist Leber, und für mich ist sie so genau richtig.

# LEBER MIT ZWIEBELN

4 Scheiben Schinkenspeck
1 geschnittene Zwiebel
1 Rinderleber (ca. 250g)

- Schinkenspeck anbraten und aus der Pfanne nehmen
- Zwiebeln im ausgelassenen Speck bräunen und aus der Pfanne nehmen
- Leber bis zur gewünschten Festigkeit braten
- Leber halbieren, mit Zwiebeln und Speckstreifen belegen

**2 Portionen**

| | |
|---|---|
| Kalorien: | 349 |
| Protein: | 35 |
| Kohlenhydrate: | 15 |
| Fett: | 25 |

Schneller als ein Schnellgericht.

# FLEISCHAUFLAUF

| | |
|---|---|
| 1 kg | Rinderhack |
| 2 | Eier |
| 1 | Zwiebel, geschnitten |
| 2 | Knoblauchzehen, zerkleinert |
| 1/2 | Tasse Haferflocken |
| 2 EL | Ketchup |
| 1 TL | Worchestersauce |
| 1 TL | Kümmel |

- Alle Zutaten in eine große Schüssel geben und gut durchmischen (am besten mit den Händen)
- Die Masse in eine Auflaufform füllen
- Bei 175 Grad 1 Std. 15 Min. backen

**4 Portionen**

| | |
|---|---|
| Kalorien: | 435 |
| Protein: | 32 |
| Kohlenhydrate: | 13 |
| Fett: | 28 |

Geeignet als Abendessen und Sandwich-Belag für den nächsten Tag.

# MEXIKANISCHER FLEISCHAUFLAUF

| | |
|---|---|
| 500g | Rinderhack |
| 1 | Zwiebel, geschnitten |
| 1 | Pfefferschote, geschnitten |
| 1 | Tasse Erbsen |
| 1 | Ei |
| 1 | Tasse Paniermehl (oder 3 Scheiben trockenes Brot zerbröseln) |
| 1 TL | Chilipulver |
| 1/2 TL | Salz |
| 1 | Dose passierte Tomaten (ca. 400g) |

- Alle Zutaten, ausgenommen die Tomaten, mischen und in eine Kasserole füllen
- Die Tomaten darüber legen
- Für 1 Std. bei 175 Grad backen

**5 Portionen**

| | |
|---|---|
| Kalorien: | 292 |
| Protein: | 36 |
| Kohlenhydrate: | 31 |
| Fett: | 14 |

Dieser Auflauf ist eine hervorragende Alternative zum herkömmlichen Fleischauflauf und ideal zum Aufwärmen am nächsten Tag.

# BEEFY BURRITOS

| | |
|---|---|
| 500g | Rinderhack |
| 1 | Zwiebel, geschnitten |
| 1 | Paket Taco-Gewürzmischung |
| 1/4 | Tasse Sauerrahm |
| 1 | Tasse junger Käse, gerieben |
| 5 | große Tortillas (Maisfladen) |

- Gehacktes und Zwiebeln anbraten, danach abtropfen
- Taco-Gewürzmischung hinzugeben und nach Anleitung aufkochen
- Tortillas in einer Bratpfanne von beiden Seiten aufwärmen
- Einen vollen Löffel Gebratenes in der Mitte einer Tortilla verteilen und mit Käse bestreuen, 1 EL Sauerrahm hinzugeben
- Die Enden zum Fleisch falten, eine längere Seite überklappen und aufrollen
- Im Backofen warmhalten, bis alle fertig sind

**Pro Burrito**

| | |
|---|---|
| Kalorien: | 496 |
| Protein: | 36 |
| Kohlenhydrate: | 31 |
| Fett: | 25 |

Mit reichlich Cerveza (Bier) eine großartige Wochenendspeise. Chips und Salsa nicht vergessen!

# TORTILLA PASTETE

| | |
|---|---|
| 500g | Rinderhack |
| 1 | Zwiebel, geschnitten |
| 2 EL | Chilipulver |
| 2 EL | Butter |
| 5 | ganze Weizen-Tortillas |
| 125g | grüner Chili, gewürfelt |
| 1 1/2 | Tassen geriebenen milden Cheddar-Käse |
| 1 | Dose Pilzcremesuppe (400ml) |
| 1/2 | Tasse Salsa |

- Fleisch und Zwiebeln in der Pfanne anbraten
- Fett abtropfen lassen, in eine Schüssel geben und Chilipulver einrühren
- Butter in einer sauberen Pfanne auslassen
- Tortillas von beiden Seiten erhitzen, eine nach der anderen
- Tortillas, Chili, Fleisch und Käse aufschichten, bis alle Zutaten aufgebraucht sind (am besten in einer runden Kasserole)
- Suppe darüber gießen und Salsa obenauf
- Bei 150 Grad für 30 Min. backen

**6 Portionen**

| | |
|---|---|
| Kalorien: | 613 |
| Protein: | 40 |
| Kohlenhydrate: | 27 |
| Fett: | 36 |

Ein kräftiges und sehr geschmackvolles Gericht, eine Art mexikanisches Stroganoff.

# FLEISCH-LASAGNE

| | |
|---|---|
| 1 | Dose geschälte Tomaten (800g) |
| 125g | Champions, geschnitten |
| 1/4 | Tasse Rotwein |
| 1 EL | italienische Gewürzmischung |
| 1 | Glas schwarze Oliven, geschnitten |
| 500g | Rinderhack |
| 1 | Zwiebel, geschnitten |
| 2 | Knoblauchzehen, zerdrückt |
| 2 | Packungen Ricotta-Käse (à 250g) |
| 300g | tiefgefr. Spinat, auftauen und abtropfen lassen |
| 1 | Paket Lasagne (500g) |
| 500g | Mozzarella, in dünne Scheiben geschnitten |
| 3 EL | Parmesankäse, gerieben |

- Tomaten grob schneiden, die ersten vier Zutaten vermischen
- Fleisch mit Zwiebeln und Knoblauch anbraten, danach abtropfen lassen
- Ricotta und Spinat in einer Schüssel vermengen
- Nudeln in einem großen Topf kochen, danach das Kochwasser abschütten, die Nudeln mit kaltem Wasser abschrecken und abtropfen lassen
- Alle Zutaten in einer Auflaufform aufschichten, beginnend mit der Soße, dann eine Lage Nudeln, die Spinat-Käse-Mischung, das Fleisch und als letztes Mozzarella; wiederholen, bis der Rand der Auflaufform erreicht ist
- Das ganze mit Parmesankäse bestreuen
- Bei 175 Grad für ca. 45 Min. backen

**8 Portionen**

| | |
|---|---|
| Kalorien: | 673 |
| Protein: | 45 |
| Kohlenhydrate: | 55 |
| Fett: | 30 |

# HAMBURGER MIT REIS

| | |
|---|---|
| 500g | Rinderhack |
| 1 | Zwiebel, geschnitten |
| 2 | Knoblauchzehen, zerdrückt |
| 1 | Dose Pilzcremesuppe (400ml) |
| 1 | Dose Milch (die leere Suppendose zum Abmessen verwenden) |
| 2 | Tassen ungeschälten Naturreis |

- Reis kochen und in der Zwischenzeit die Soße zubereiten:
- Fleisch mit Zwiebeln und Knoblauch bräunen; abtropfen lassen
- Suppe hinzugeben und Milch langsam unterrühren
- 10 Min. ziehen lassen
- Das Ganze über den Reis geben und servieren

**4 Portionen**

| | |
|---|---|
| Kalorien: | 524 |
| Protein: | 38 |
| Kohlenhydrate: | 38 |
| Fett: | 23 |

Schnell und einfach. Kein Festessen, aber genau richtig für einen Arbeitstag, an dem die Zeit für große Küche knapp ist.

# FLEISCH MIT KARTOFFELN

| | |
|---|---|
| 500g | Rinderhack |
| 1 | Zwiebel, geschnitten |
| | Salz, Pfeffer, Knoblauchpulver und Oregano |
| 1 | große Pfefferschote, geschnitten |
| 3 | kleine Kartoffeln, geschnitten (müssen nicht geschält sein) |
| 450g | Tomaten, geschnitten |

- Fleisch und Zwiebeln bräunen, abtropfen lassen
- Reichlich mit der Gewürzmischung bestreuen und gut durchrühren
- Fleisch, Kartoffeln und Pfefferschote in einer Kasserole schichten, die letzte Lage sollte aus Fleisch bestehen
- Das ganze mit Tomatenscheiben belegen
- Bei 175 Grad für 1 Std. backen

**4 sehr herzhafte Portionen**

| | |
|---|---|
| Kalorien: | 445 |
| Protein: | 35 |
| Kohlenhydrate: | 34 |
| Fett: | 20 |

Schmeckt hervorragend mit gedünstetem Broccoli oder Maiskolben. Sehr gut geeignet zum Aufwärmen in der Mikrowelle (am nächsten Tag sind die Gewürze richtig eingezogen und das Gericht schmeckt noch besser). Allerdings ziemlich aufwendig zuzubereiten, wenn Sie keinen Salatschiesser haben und selbst schneiden müssen.

# SLOPPY SPUDS

| | |
|---|---|
| 500g | Rinderhack |
| 1 | Zwiebel, geschnitten |
| 2 | Knoblauchzehen, zerdrückt |
| 1 | Dose Tomatenmark (140g) |
| 1 | Tasse Wasser |
| 125g | schwarze Oliven, geschnitten |
| 1 1/2 TL | Kümmel |
| 4 | Kartoffeln |
| 1 | Tasse Cheddar-Käse, gerieben |

- Kartoffeln bei 175 Grad für ca. 1 Std. backen (so lange bis sie eingedrückt werden können)
- Fleisch mit Zwiebeln und Knoblauch anbraten, abtropfen lassen
- Tomatenmark, Wasser, Kümmel und Oliven hinzugeben; bei niedriger Temperatur umrühren
- 20 Min. ziehen lassen
- Kartoffeln auf eine harte Oberfläche schlagen, einmal der Länge nach und mehrmals quer einschneiden
- Tomatenmischung über die Kartoffeln geben und mit Käse bestreuen

**4 Portionen**

| | |
|---|---|
| Kalorien: | 635 |
| Protein: | 41 |
| Kohlenhydrate: | 59 |
| Fett: | 26 |

Köstlich, dazu noch wunderbar einfach in der Zubereitung!

# BARBELL BEANS

| | |
|---|---|
| 1 kg | Rinderhack |
| 2 EL | Öl |
| 1 | große Zwiebel, zerhackt |
| 1 | Pfefferschote, zerhackt |
| 2 | Knoblauchzehen, zerdrückt |
| 2 EL | Chilipulver |
| 1 TL | Cayennepfeffer |
| 1 TL | Kümmel |
| 800g | Tomaten, zerhackt |
| 1/2 | Glas Oliven |
| 1 | Dose Kidney-Bohnen (425g), abgetropft |
| 1 | Dose Pinto-Bohnen (425g), abgetropft (falls nicht erhältlich, nehmen Sie einfach Chili-Bohnen) |
| 1 | Becher Sauerrahm |

- Fleisch anbraten, abtropfen und aus der Pfanne nehmen
- Zwiebeln mit Pfeffer und Knoblauch in Öl schmoren, bis sie weich sind
- Fleisch und Gemüse in einen großen Topf füllen, die restlichen Zutaten hinzugeben und kurz durchrühren
- Bei geschlossenem Deckel für 30 Min. kochen lassen
- Jede Portion mit Sauerrahm garnieren

**8 große Portionen**

| | |
|---|---|
| Kalorien: | 533 |
| Protein: | 43 |
| Kohlenhydrate: | 33 |
| Fett: | 28 |

Oh, Mann. Dieser Bohneneintopf mit einem Bier ist gut für das Training.

# SCHWEINEFLEISCH-CHILI

| | |
|---|---|
| 4 EL | Öl |
| 1 EL | Rotweinessig |
| 1 EL | Chilipulver |
| 1/4 TL | Kümmel |
| 1 | Zwiebel, geschnitten |
| 2 | Knoblauchzehen, zerdrückt |
| 1 | rote Pfefferschote, dünn geschnitten |
| 4 | Stück Schweinefleisch vom Knochen |
| | Mein Vorschlag: |
| 1 | Dose französische Zwiebelsuppe |
| | Naturreis, ungefähr die halbe Menge der Suppe |

- Reis in die Suppe einrühren und bei geschlossenem Deckel für ca. 1 Std. kochen lassen
- Öl erhitzen, Essig, Chili und Kümmel in eine große Bratpfanne füllen
- Zwiebeln, Knoblauch und Pfefferschote hinzugeben, braten bis die Zwiebeln beginnen, ihr Wasser zu verlieren
- Gemüse beiseite schieben, Fleisch hinzugeben und braten, nach ca. 4 Min. wenden und solange braten, bis das Fleisch leicht rosa wird
- Fleisch mit Gemüse und Soße bedecken, mit Reis servieren

**2 große Portionen**
(Reis nicht eingerechnet)

| | |
|---|---|
| Kalorien: | 889 |
| Protein: | 66 |
| Kohlenhydrate: | 13 |
| Fett: | 63 |

Pikant und sehr, sehr lecker. Der Reis schmeckt hervorragend dazu.

»ICH ERINNERE MICH AN MEINE SAFARI IN AFRIKA.
JEMAND HATTE DEN KORKENZIEHER VERGESSEN,
UND FÜR MEHRERE TAGE MUSSTEN WIR
ALLEIN VON ESSEN UND WASSER LEBEN.«

W.C. FIELDS

»RÜHREIER KANN MAN NICHT WIEDER
IN DIE SCHALE ZURÜCKBRINGEN.«

AMERIKANISCHES SPRICHWORT

# EIER

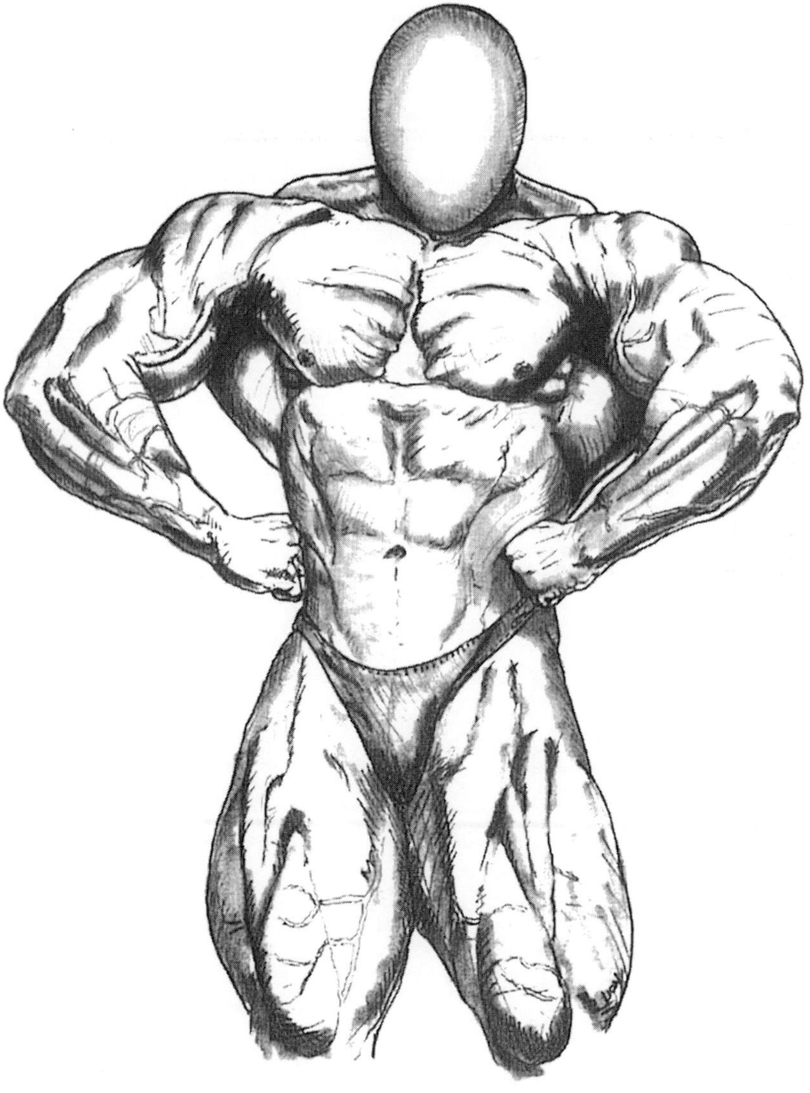

»WER KEINE ZEIT FÜR DAS TRAINING HAT, WIRD SICH ZEIT FÜR KRANKHEITEN NEHMEN MÜSSEN.«

EARL OF DERBY, 1873

# EIER MIT KÜRBIS

| | |
|---|---|
| 2 | ganze Eier |
| 3 | Eiklar |
| 2 EL | Butter |
| 3 | Frühlingszwiebeln, kleingehackt |
| 1 | Zucchini, geschnitten |
| 1 | gelber Kürbis, geschnitten |
| 1/4 EL | Gemüse-Gewürzmischung |
| 1 EL | geriebener Parmesankäse |

- Eier und Eiweiß schlagen
- Gewürztes Gemüse in der Butter braten, bis es leicht durch ist
- Temperatur langsam senken
- Eier über das Gemüse geben und durchbraten
- Parmesan darüber streuen und zusammenklappen (nicht ganz einfach, aber auch wenn es nicht so gut klappt, es schmeckt trotzdem)

**2 Portionen**

| | |
|---|---|
| Kalorien: | 257 |
| Protein: | 14 |
| Kohlenhydrate: | 9 |
| Fett: | 19 |

Wenn Sie die Butter weglassen, können Sie den Fettanteil um 7 Gramm reduzieren und die Nahrungsenergie auf 149 Kalorien reduzieren.

# SPINAT-OMELETT

| | |
|---|---|
| 500g | Rinderhack |
| 1 | Zwiebel, geschnitten |
| 2 | Knoblauchzehen, zerdrückt |
| 5 | Eier |
| 1/4 | Tasse Milch |
| 300g | tiefgefrorener Spinat, aufgetaut und abgetropft |
| 1/2 | Tasse geriebenen Cheddar-Käse |
| 1/2 | Avocado, geschnitten |

- Eier und Milch schlagen
- Fleisch mit Zwiebeln und Knoblauch anbraten
- Eiermix darüber gießen und 1 Min. ziehen lassen
- Spinat hinzugeben und einrühren
- Kochen lassen und gelegentlich umrühren, bis alles durch ist
- Käse darüber streuen, oder einrühren, oder bei geschlossenem Deckel schmelzen lassen
- Mit der geschnittenen Avocado garnieren

**4 Portionen**

| | |
|---|---|
| Kalorien: | 537 |
| Protein: | 47 |
| Kohlenhydrate: | 11 |
| Fett: | 34 |

Die Avocado ist in der Wertung enthalten. Sie ist sehr fetthaltig, aber auch ausgesprochen nahrhaft und vervollständigt dieses Gericht.

# RÜHREI MIT SCHMELZKÄSE UND SPECK

6 Eier, geschlagen
125g Schmelzkäse, in kleine Würfel geschnitten
1 Speckwürfel

- Eier in eine Pfanne geben
- Braten, bis sie fast durch sind
- Schmelzkäse und Speck hinzugeben, gut durchrühren
- Servieren, wenn die Eier durch und der Käse geschmolzen ist

**2 Portionen**

| | |
|---|---|
| Kalorien: | 456 |
| Protein: | 24 |
| Kohlenhydrate: | 5 |
| Fett: | 75 |

Eine köstliche, volle Mahlzeit, die lange vorhält.

# FRÜHSTÜCKS BURRITOS

| | |
|---|---|
| 1 | gekochte Kartoffel |
| 1/2 | Zwiebel, geschnitten |
| 4 | Eier, geschlagen |
| 1 EL | Butter |
| 1/2 | Tasse geriebenen Cheddar-Käse |
| 4 | flache Tortillas |
| | Salsa zum Würzen |

- Kartoffel in kleine Würfel schneiden
- Butter in der Pfanne schmelzen
- Zwiebeln anbraten
- Eier hinzugeben und umrühren
- Aufgewärmte Tortillas mit Eiern und Zwiebeln, Kartoffelwürfeln, Käse und Salsa auffüllen, dann zu kleinen Taschen rollen
- Im Backofen warmhalten, bis alle fertig sind

| **pro Burrito** | |
|---|---|
| Kalorien: | 310 |
| Protein: | 14 |
| Kohlenhydrate: | 30 |
| Fett: | 15 |

Dieses Rezept läßt sich auch fettärmer gestalten. Sie können einfach das Eigelb oder den Käse weglassen und dafür mehr Salsa nehmen.

# SPANISCHES RÜHREI

| | |
|---|---|
| 5 | Eier |
| 1/4 | Tasse Milch |
| 4 | Tortillas, in kleine Streifen geschnitten |
| 2 EL | Butter |
| 5 | Frühlingszwiebeln, zerhackt |
| 1/2 | Tasse geriebenen Cheddar-Käse |
| | Salsa |

- Eier und Milch schlagen, bis sie gut vermischt sind
- Fladenstreifen in der Butter rösten, bis sie knusprig sind
- Eier hinzugeben, umrühren und anbraten
- Frühlingszwiebeln und Käse hinzugeben; umrühren und braten, bis die gewünschte Festigkeit erreicht ist
- Mit Salsa würzen, wenn nötig

**2 herzhafte Portionen**

| | |
|---|---|
| Kalorien: | 567 |
| Protein: | 27 |
| Kohlenhydrate: | 30 |
| Fett: | 38 |

Ein Traum wird wahr.

# KNACKIGE EIERSALAT-SANDWICHES

| | |
|---|---|
| 5 | hartgekochte Eier |
| 1 | Dillgurke, kleingeschnitten |
| 1 | Stange Sellerie, kleingeschnitten |
| 2 EL | gehackte Zwiebeln (ca. 1/4 Zwiebel) |
| 2 EL | Mayonnaise |
| 1 EL | Weißweinessig |
| | Salz und Pfeffer |
| 6 | Scheiben Weißbrot, mit etwas Butter bestrichen |

- Die ersten 6 Zutaten gründlich vermischen
- Mit Salz und Pfeffer abschmecken
- Auf drei Sandwiches (Doppeldecker) verteilen

| **pro Sandwich** | |
|---|---|
| Kalorien: | 360 |
| Protein: | 15 |
| Kohlenhydrate: | 25 |
| Fett: | 23 |

Viel besser als gewöhnlicher Eiersalat.

# TEUFELSEIER

| | |
|---|---|
| 6 | hartgekochte Eier |
| 1 EL | Mayonnaise |
| | Weißweinessig |
| | Salz |
| | Pfeffer |
| | Paprika |

- Eier der Länge nach halbieren
- Eigelb getrennt in eine Schüssel geben
- Mayonnaise, vier Spritzer Weinessig, Salz und Pfeffer hinzugeben
- Gründlich durchrühren und die Eierhälften mit der Masse füllen
- Mit Paprika bestreuen

| **2 Portionen** (à 3 Eier) | |
|---|---|
| Kalorien: | 266 |
| Protein: | 19 |
| Kohlenhydrate: | 4 |
| Fett: | 19 |

Es gibt gutes und schlechtes Fett. Schlechtes Fett – Kekse mit Schokoladenfüllung; gutes Fett – Eier. Lassen Sie sich nicht abschrecken. Eier sind eine gute Hardgainer-Nahrung.

»HOCHBEGABTE MENSCHEN SIND OFT ANIMALISCH STARK UND LEBHAFT.«

HENRY TAYLOR: THE STATESMAN, 1836

# FISCH

»WER MEDIKAMENTE NIMMT UND
SEINE ERNÄHRUNG VERNACHLÄSSIGT,
MISSACHTET DIE FÄHIGKEITEN SEINES ARZTES«

CHINESISCHES SPRICHWORT

# LACHS MIT MACCARONI

2 Scheiben trockenes Weißbrot
1 Knoblauchzehe
1 TL Fischgewürz
Pfeffer
2 EL Butter, geschmolzen
2 Tassen gekochte Maccaroni (1 gehäufte Tasse ungekocht)
2 Dosen Lachs (à 212g), abgetropft und grätenfrei
1 1/2 Tassen Milch
2 EL Parmesankäse

- Brot zerkleinern, mit Knoblauch, Fischgewürz und Pfeffer mischen
- Mischung in die geschmolzene Butter geben und gründlich einziehen lassen
- Kasserole mit Maccaroni und Lachs auslegen
- Milch darübergeben, bis alles soeben bedeckt ist
- Erst die gewürzte Brotmischung darüberstreuen, dann Parmesan
- Bei 175 Grad für 50 Min. backen

**4 Portionen**

| | |
|---|---|
| Kalorien: | 434 |
| Protein: | 30 |
| Kohlenhydrate: | 38 |
| Fett: | 17 |

Sehr mild, sehr köstlich. Macht Lachs aus der Dose, den wir normalerweise nicht bevorzugen, zu einer unserer Lieblingsspeisen. Grüne Bohnen passen sehr gut dazu.

# FISCH IM KÄSEMANTEL

| | |
|---|---|
| 75g | Schafskäse |
| 3 | Scheiben trockenes Weißbrot |
| 1 | Knoblauchzehe |
| 1/2 TL | Fischgewürz |
| 3 EL | Salatöl |
| 750g | fester Weißfisch (z.B. isländischer Kabeljau oder Heilbutt) |

- Fisch waschen, abtrocknen und in keilförmige Stücke schneiden (etwas länger als Fischstäbchen)
- Die ersten vier Zutaten mischen, bis eine krümelige Masse entsteht
- Fischkeile erst in Öl tauchen, dann in der Masse wälzen und anschließend auf einem Backblech plazieren
- Restliche Masse über den Fisch streuen
- Bei 225 Grad für 10-12 Min. backen

**4 Portionen**

| | |
|---|---|
| Kalorien: | 379 |
| Protein: | 45 |
| Kohlenhydrate: | 10 |
| Fett: | 17 |

Köstlich, dabei mag ich Fisch nicht besonders.

# UN-FISCH

| | |
|---|---|
| 3 EL | Butter |
| 3 | Frühlingszwiebeln, gehackt |
| 1/2 | Zwiebel, geschnitten |
| 250g | Champignons, geschnitten (ergibt ca. 2 1/2 Tassen) |
| 1 | Knoblauchzehe, gehackt |
| 1 EL | Petersilie, gehackt |
| 1/4 | Tasse trockenen Weißwein |
| | Saft einer halben Zitrone |
| | Fischgewürz |
| 3 | Rotbarschfilets (ca. 500g) |
| 2 | Jamswurzeln, geschält (statt Jams kann auch Kohlrabi genommen werden) |

- Jamswurzeln in Wasser kochen; sie brauchen ca. 45 Min., bis eine Gabel leicht eindringen kann
- Zwiebeln, Champignons, Knoblauch und Petersilie einige Minuten in der Butter schmoren
- Wein, Zitronensaft und Gewürz hinzugeben, und eine weitere Minute ziehen lassen
- Gemüse beiseite schieben, den Fisch hineinlegen und braten, bis der Rand weiß wird, dann wenden und braten, bis die Filets weiß und locker sind
- Fisch mit Yams, Champignons und Soße bedecken und servieren

**2 große Portionen**

| | |
|---|---|
| Kalorien: | 647 |
| Protein: | 63 |
| Kohlenhydrate: | 44 |
| Fett: | 23 |

Fisch kann Personen mit großem Hunger manchmal nicht genug sättigen, doch dafür sorgen dann die Jamswurzeln.

# MUTTERS THUNFISCHAUFLAUF

| | |
|---|---|
| 500g | Nudeln |
| 2 | Dosen Thunfisch (à 200g), abgetropft |
| 1 | Dose Pilzcremesuppe (400ml) |
| 1 | Tasse Milch (ich nehme Vollmilch, aber fettarme geht auch) |
| 2-3 | Stangen Sellerie, in kleine Würfel geschnitten |
| 300g | gefrorene Erbsen |
| 1/4 TL | Thymian |
| | Pfeffer zum Nachwürzen |
| 2 EL | Weizenkeime |
| 2 EL | Parmesankäse |

- Einen großen Topf Wasser zum Kochen bringen
- Suppe in einer Soßenpfanne erhitzen und die Milch einrühren
- Sellerie, Erbsen, Thymian hinzugeben und mit Pfeffer würzen
- Nudeln kochen, gut abtropfen lassen und in eine mit Butter bestrichene Auflaufform geben
- Thunfisch gleichmäßig über die Nudeln verteilen
- Soße über die Nudeln gießen; dann umrühren, bis alles gut benetzt ist
- Weizenkeime und Parmesan darüber streuen
- Bei 175 Grad für 20-30 Min. backen

**7 Portionen**

| | |
|---|---|
| Kalorien: | 396 |
| Protein: | 24 |
| Kohlenhydrate: | 52 |
| Fett: | 10 |

Was soll ich sagen? Ein großartiger Thunfischauflauf!

# THUNFISCH TORTILLAS

| | |
|---|---|
| 2 | Dosen Thunfisch (à 200g), abgetropft |
| 2 EL | Sauerrahm |
| 1/2 | Avocado |
| 1/4 | Tasse Salsa |
| 3/4 | Tasse geriebenen Cheddar-Käse |
| 3 | Tortillas |

- Thunfisch und Sauerrahm gut vermischen
- Avocado und Salsa in einem separaten Gefäß vermischen
- Tortillas im Backofen erwärmen
- Thunfisch, Avocado und Käse gleichmäßig auf die Tortillas verteilen
- Zu Burritos rollen und im Backofen erhitzen

**3 Riesenportionen**

| | |
|---|---|
| Kalorien: | 443 |
| Protein: | 40 |
| Kohlenhydrate: | 27 |
| Fett: | 21 |

Sieht nicht mehr aus wie ein Fischgericht!

# THUNFISCH TOAST

| | |
|---|---|
| 2 | Dosen Thunfisch (à 200g), abgetropft |
| 1 | saure Gurke, gehackt |
| 1/4 | Tasse Mayonnaise |
| 1 | Tomate, in Scheiben geschnitten |
| 1/2 | Avocado |
| 9 | dünne Scheiben Schmelzkäse |
| 3 | Scheiben Weißbrot, getoastet |

- Thunfisch, Gurke und Mayonnaise vermischen
- Toast mit Tomaten- und Avocadoscheiben belegen
- Thunfischmasse gleichmäßig über das belegte Toast verteilen
- Toast mit Käse bedecken und backen, bis er geschmolzen ist

| **pro Toast** | |
|---|---|
| Kalorien: | 627 |
| Protein: | 48 |
| Kohlenhydrate: | 18 |
| Fett: | 42 |

Warum auswärts essen, wenn man so etwas Leckeres selber machen kann?

# VINCE GIRONDAS THUNFISCHSALAT

| | |
|---|---|
| 2 | Dosen Thunfisch (à 200g), abgetropft |
| 1/2 | Stangengurke, geschält und gehackt |
| 1/2 | Zwiebel, gehackt |
| 2 | Stangen Sellerie, gehackt |
| 1/4 TL | Knoblauchpulver |
| 1/4 | Tasse Mayonnaise |

- Alle Zutaten gut vermischen
- Servieren Sie den Salat mit Tomaten, Avocados oder auf grünen Salatblättern

**3 Portionen**

| | |
|---|---|
| Kalorien: | 300 |
| Protein: | 31 |
| Kohlenhydrate: | 5 |
| Fett: | 19 |

Man kann über Vince sagen, was man will, aber er ist ein großartiger Mensch (und ein guter Koch).

»ALLES, WAS SIE AN MIR SEHEN,
VERDANKE ICH SPAGHETTI.«

SOPHIA LOREN

# NUDELN

»DAS SCHLIMME AN ITALIENISCHEM ESSEN IST,
DASS MAN FÜNF ODER SECHS TAGE SPÄTER
SCHON WIEDER HUNGER BEKOMMT.«

GEORGE MILLER

# LINGUINE MIT FRISCHEN TOMATEN

| | |
|---|---|
| 250g | Linguine (dünne Bandnudeln) |
| 3-4 EL | Butter |
| 1 | große reife Tomate, gehackt |
| 1/4 TL | Knoblauchpulver |
| 1/2 TL | italienische Gewürzmischung |
| 1/3 | Tasse frisch geriebener Parmesankäse |

**Zubereitung in der Mikrowelle:**

- Linguine kochen, danach Wasser abgießen
- Nudeln abschrecken und abtropfen lassen
- Butter, Gewürze und Tomate (das Fruchtfleisch nicht verlieren) ebenfalls in der Mikrowelle erhitzen
- Nudeln hinzugeben und umrühren, dann Parmesan darüber streuen und nochmals umrühren

**Zubereitung auf dem Herd:**

- Linguine kochen und danach abtropfen lassen
- Butter in einer Pfanne bei niedriger Temperatur schmelzen; Nudeln, Tomaten und Gewürze hinzugeben; umrühren
- Parmesankäse darüber streuen und nochmals umrühren

**2 Portionen**

| | |
|---|---|
| Kalorien: | 682 |
| Protein: | 22 |
| Kohlenhydrate: | 87 |
| Fett: | 27 |

Mit Butter, frisch geriebenem Parmesankäse und einer wirklich guten Tomate ist dieses Rezept so gut, daß man sich über die einfache Zubereitung nur wundern kann.

# LINGUINE MIT HUHN

| | |
|---|---|
| 2 EL | Olivenöl |
| 3 EL | Butter |
| 3 | Frühlingszwiebeln, gehackt |
| 2 | Knoblauchzehen, feingehackt |
| 2 | Stück Hühnerbrust, mundgerecht zerteilt |
| 1/4 | Tasse Weißwein |
| 1/4 | Zitrone |
| 1/2 TL | trockenes Basilikum |
| | einige Prisen Cayennepfeffer |
| 1 | Zucchini, in Scheiben geschnitten |
| 1 | Tomate, gehackt |
| 300g | tiefgefrorene Erbsen |
| 1/4 | Tasse Parmesankäse |
| 500g | Linguine |

- Knoblauch und Frühlingszwiebeln in Butter und Öl schmoren
- Hühnerbrust, Basilikum und Weißwein hinzugeben und 5 Min. leicht kochen lassen
- Zucchini, Tomate und Erbsen zum Huhn geben; leicht kochen lassen und dabei umrühren, während die Nudeln kochen (zerkochen vermeiden, die Zucchini wird zu weich und das Fleisch zu trocken); Temperatur leicht herunterdrehen
- Linguine gut abtropfen lassen; Huhn, Gemüse, Nudeln und Käse in einer großen Schüssel vermengen

**6 große Portionen**

| | |
|---|---|
| Kalorien: | 246 |
| Protein: | 30 |
| Kohlenhydrate: | 61 |
| Fett: | 15 |

Gute Trainingsnahrung. Viele Kalorien und liegt nicht schwer im Magen.

# LINGUINE MIT VENUSMUSCHELN

| | |
|---|---|
| 3 EL | Butter |
| 3 EL | Olivenöl |
| 3 | Knoblauchzehen, gehackt |
| 1 | Dose Venusmuscheln (ca. 150g), nicht ganz abgetropft |
| 1/4 TL | Basilikum |
| 1/4 TL | Oregano |
| 1/4 | Tasse frisch geriebener Parmesankäse |
| 250g | Linguine |

- Wasser aufsetzen
- Butter und Öl in der Pfanne erhitzen
- Knoblauch hinzugeben und kurz anbraten
- Venusmuscheln mit Saft, Basilikum, Oregano und der Hälfte vom Parmesan hinzugeben und vermengen
- Temperatur senken und warmhalten
- Nudeln kochen, danach abtropfen und mit der Soße verrühren
- Gericht auf vorgewärmte Teller füllen und mit restlichem Parmesan bestreuen

**2 Portionen**

| | |
|---|---|
| Kalorien: | 861 |
| Protein: | 27 |
| Kohlenhydrate: | 87 |
| Fett: | 45 |

Natürlich, der Fettgehalt ist sehr hoch, aber es sind auch viele Kohlenhydrate enthalten, die Energie liefern. Es liegt an Ihnen, das Fett zu verbrennen.

# FETTUCCINI MIT BROCCOLI

| | |
|---|---|
| 350g | Spinat-Fettuccini |
| 3 | Tassen Broccoli, zerhackt |
| 3 EL | Butter |
| 3 | Knoblauchzehen, zerdrückt |
| 1/2 TL | Basilikum |
| 1 | Packung fettarmer Hüttenkäse (450g) |
| 1/4 | Tasse Sahne |
| 1/4 | Zitrone |
| 1/3 | Tasse frisch geriebener Parmesankäse |

- Wasser aufsetzen
- Broccoli ankochen (für etwa 30 Sek. in heißes Wasser geben. Der Broccoli bekommt eine appetitliche Farbe, bleibt aber sehr knackig)
- Knoblauch in der Butter schmoren
- Broccoli, Basilikum, Hüttenkäse, Sahne und Zitrone hinzugeben
- Einige Minuten kochen und umrühren, bis der Käse geschmolzen ist
- Hitze reduzieren und die Soße köcheln lassen, bis die Nudeln fertig sind
- Fettuccini und Soße vermengen, auf erwärmte Teller füllen und mit Parmesan bestreuen

**4 Portionen**

| | |
|---|---|
| Kalorien: | 615 |
| Protein: | 31 |
| Kohlenhydrate: | 72 |
| Fett: | 24 |

Das wird eine dicke, leckere Soße. Falls Sie eine dünne vorziehen, geben Sie etwas Milch hinzu. Gut zum Aufwärmen in der Mikrowelle.

# CHILI-NUDELN

| | |
|---|---|
| 5 EL | Butter |
| 2 EL | Olivenöl |
| 1 | Zwiebel, geschnitten |
| 3 | Knoblauchzehen, gehackt |
| 2 | Hühnerbrustfilets, kleingeschnitten |
| 1/2 TL | gemahlener Chili |
| 2 | Pfefferschoten (rot, grün oder beides), dünngeschnitten |
| 800g | kleingeschnittene Tomaten |
| 2 EL | Chilipulver |
| 500g | Linguine |
| 6 EL | Parmesankäse, frisch gerieben |

- Butter und Öl in der Pfanne erhitzen
- Zwiebel und Knoblauch hinzugeben; braten, bis die Zwiebel transparent wird
- Huhn und Pfefferschoten hinzugeben; braten, bis das Fleisch seine rosige Färbung verliert
- Tomaten, Chilipulver und Pfefferschoten dazugeben
- Das ganze auf niedriger Stufe etwa 20 Min. kochen und gelegentlich umrühren
- Linguine zwischenzeitlich kochen, danach abtropfen lassen
- Nudeln auf vorgewärmte Teller füllen, die Soße darübergeben und mit Parmesan bestreuen

**6 Portionen**

| | |
|---|---|
| Kalorien: | 515 |
| Protein: | 33 |
| Kohlenhydrate: | 71 |
| Fett: | 10 |

Mit diesem Gericht liegen Sie immer richtig. Wenn es Ihnen zu würzig ist, lassen Sie einfach eine Pfefferschote weg.

# FRISCHER GEMÜSE-NUDELSALAT

| | |
|---|---|
| 500g | Muschelnudeln |
| 45g | Piniennüsse (oder Nüsse eigener Wahl) |
| 1/2 | Tasse Parmesankäse, gerieben |
| 1/3 | Tasse Olivenöl |
| 1/3 | Tasse Rotweinessig |
| 2 | Karotten, gerieben |
| 1 | Zucchini, gerieben |
| 1 | Pfefferschote, zerkleinert |
| 1 | rote Zwiebel, feingehackt |
| 1 | Knoblauchzehe, gehackt |
| 5-6 | frische Blätter Basilikum, zerkleinert (eine Schere eignet sich am besten) |

- Nudeln kochen und danach abschrecken (nicht zu weich kochen)
- Nüsse in einer trockenen Pfanne goldbraun rösten
- Alle Zutaten in einer großen Schüssel vermengen

**ca. 10 Portionen**

| | |
|---|---|
| Kalorien: | 290 |
| Protein: | 9 |
| Kohlenhydrate: | 39 |
| Fett: | 5 |

Improvisieren Sie. Die Zutaten können nach Ihrem Geschmack erweitert oder ausgetauscht werden.

# NUDELN MIT LACHS

| | |
|---|---|
| 500g | Muschelnudeln |
| 2 | Tassen Broccoli, angekocht (siehe Fettuccini mit Broccoli) |
| 1 | Pfefferschote, zerkleinert |
| 1/4 | Tasse süße Gurken, zerkleinert |
| 450g | rosafarbenen Lachs, gesäubert und zerkleinert |
| 1/3 | Tasse Mayonnaise |
| 2 EL | Honig |
| 1 | Tasse gewürfelter Schweizer Käse |

- Wasser aufsetzen und den Broccoli ankochen
- Nudeln kochen, danach abschütten und abschrecken
- Mayonnaise, Honig und süße Gurken vermengen
- Alle Zutaten in eine Schüssel geben und gut durchrühren

**6 Portionen**

| | |
|---|---|
| Kalorien: | 453 |
| Protein: | 28 |
| Kohlenhydrate: | 36 |
| Fett: | 20 |

Ein Lieblingsgericht meines Mannes. Ideal bei heißem Wetter.

# BESSER ALS SPAGHETTI

| | |
|---|---|
| 500g | Rinderhack |
| 1 | Zwiebel, geschnitten |
| 2 | Knoblauchzehen, zerdrückt |
| 2 | Gläser à 400g klassische Spaghettisoße mit Pilzen und Oliven |
| 1 EL | italienische Gewürzmischung |
| | Einige Spritzer Rotweinessig |
| 1 EL | Olivenöl |
| 1 | Pack. Spiralnudeln, gekocht |
| 1 | Tasse Mozzarella, zerkleinert |

- Hackfleisch, Zwiebel und Knoblauch anbraten
- Flüssigkeit abgießen
- Spaghettisoße, Gewürzmischung, Öl und Essig hinzugeben
- Temperatur senken und köcheln lassen, während die Nudeln kochen
- Nudeln, Soße und Mozzarella in einer großen Schüssel vermengen

**6 große Portionen**

| | |
|---|---|
| Kalorien: | 638 |
| Protein: | 36 |
| Kohlenhydrate: | 70 |
| Fett: | 22 |

Servieren Sie hierzu frisches Knoblauchbrot (dünn geschnittenes französisches Weißbrot mit Butter, zerdrücktem Knoblauch und frisch geriebenem Parmesan bestreichen, dann goldbraun backen).

# REISNUDELN MIT ERDNUSS-SOSSE

350g Reisnudeln
1/2 Tasse Erdnußbutter
1/2 Tasse Sojasoße
Cayennepfeffer
450g asiatisches Gemüse, tiefgefroren

- Nudeln kochen
- Gemüse dünsten und abtropfen lassen
- Erdnußbutter und Sojasoße erhitzen; kräftig mit Pfeffer würzen
- Soße mit Wasser soweit verdünnen, bis die gewünschte Konsistenz erreicht ist
- Nudeln samt Gemüse in die Soße geben und gut vermischen

**4 Portionen**
Nährwerte waren hier nicht zu ermitteln

Dieses Rezept scheint sonderbar, ist aber wirklich gut. Sogar vorzüglich!

»WENN WIR UNS WOHLFÜHLEN,
HABEN WIR IMMER GUTE RATSCHLÄGE FÜR JENE,
DENEN ES SCHLECHT GEHT.«

TERENCE: ANDRIA, II, 160 VOR CHRISTUS

# KARTOFFELN

»MAN SOLL ESSEN UM ZU LEBEN,
NICHT LEBEN UM ZU ESSEN.«

CICERO

# STAMPFKARTOFFELN

| | |
|---|---|
| 4 | große Kartoffeln, dünn geschält |
| 1/3 | Tasse Milch |
| 2 EL | Butter |
| 1/2 | Tasse Sauerrahm |
| 3/4 | Tasse Cheddar-Käse, gerieben |
| 300g | tiefgefrorene Erbsen, aufgetaut |

- Kartoffeln kochen, bis eine Gabel leicht eindringen kann
- Abgießen, Milch und Butter hinzugeben, das Ganze gut durchstampfen
- Sauerrahm, Erbsen und Käse einrühren

**5 Portionen**

| | |
|---|---|
| Kalorien: | 268 |
| Protein: | 10 |
| Kohlenhydrate: | 31 |
| Fett: | 14 |

Nach Belieben mit anderem Gemüse, wie Mais, grünen Bohnen oder Lima-Bohnen (hoher Proteingehalt) servieren.

# GEBACKENE KARTOFFEL »SUPREME«

| | |
|---|---|
| 2 | Kartoffeln, gebacken |
| 300g | tiefgefrorener Spinat, aufgewärmt und gut abgetropft |
| 3/4 | Tasse Gouda, gerieben |

- Kartoffeln auf der Küchentheke aufschlagen und durch die Mitte aufschneiden
- Mit Spinat und Käse belegen
- In Backofen oder Mikrowelle erhitzen, bis der Käse geschmolzen ist

| 2 Portionen | |
|---|---|
| Kalorien: | 428 |
| Protein: | 18 |
| Kohlenhydrate: | 58 |
| Fett: | 14 |

So sind gebackene Kartoffeln nicht nur genießbar, sondern richtig schmackhaft.

# KARTOFFELSALAT

| | |
|---|---|
| 5 | Kartoffeln, gekocht |
| 4 | Eier, hartgekocht |
| 2 | Karotten, gerieben |
| 300g | tiefgefrorene Erbsen, aufgetaut |
| 1/2 | Zwiebel, geschnitten |
| 2 | Stangen Sellerie |
| 2 | Knoblauchzehen, zerhackt |
| 1/2 | Tasse Mayonnaise |
| 1 TL | Senf |

- Kartoffeln kochen (sie müssen nicht geschält werden)
- Abkühlen lassen und in kleine Würfel schneiden
- Alle Zutaten in einer großen Schüssel vermengen und in den Kühlschrank stellen

**7 Portionen**

| | |
|---|---|
| Kalorien: | 345 |
| Protein: | 8 |
| Kohlenhydrate: | 43 |
| Fett: | 16 |

Sehr sättigend; herzhaft genug, um eine Mahlzeit zu ersetzen.

# SUPER-KARTOFFELN

| | |
|---|---|
| 4 | große gebackene Kartoffeln |
| 1 | Tasse Gouda, gerieben |
| 1 | Tasse Hüttenkäse |
| 1 1/2 EL | Senf |
| 3 EL | Mayonnaise |
| 3 | Eier, hartgekocht |
| | Cayennepfeffer |

- Gebackene Kartoffeln aushöhlen und die Hälften in eine Schüssel legen
- Das herausgeschnittene Kartoffelmark mit den anderen Zutaten vermischen und die Masse wieder in die Kartoffelhälften füllen
- Bei 175 Grad für 20 Min. backen

| pro Kartoffel | |
|---|---|
| Kalorien: | 524 |
| Protein: | 25 |
| Kohlenhydrate: | 55 |
| Fett: | 23 |

Das perfekte Mikrowellen-Gericht.

# KARTOFFELN IN JAMSWURZELSUPPE

| | |
|---|---|
| 1 | große Jamswurzel, geschält |
| 1 | große Kartoffel, geschält |
| 1 | Gemüsezwiebel, gehackt |
| 1 EL | Butter |
| | Knoblauchpulver |
| | Gemüsegewürz |
| | Pfeffer |

- Kartoffel und Jams oder Kohlrabi in größere Stücke schneiden
- Zwiebel in der Butter anbraten
- Kartoffel- und Jamsstücke hinzugeben; großzügig würzen
- Wasser hinzugeben, bis die Stücke gerade bedeckt sind
- Für ca. 40 Min. kochen, bis das Gemüse weich wird; danach pürieren

**ca. 5 Portionen**

| | |
|---|---|
| Kalorien: | 100 |
| Protein: | 2 |
| Kohlenhydrate: | 18 |
| Fett: | 3 |

Dieses Gericht ist wirklich gut, leicht verdaulich und sehr sättigend, dazu noch kalorienarm. Das bißchen Fett kommt von der Butter.

# HERZHAFTE KARTOFFEL-LINSENSUPPE

| | |
|---|---|
| 6 | Tassen Gemüsebrühe |
| 1 | Zwiebel, gehackt |
| 2 | Knoblauchzehen, gehackt |
| 2 EL | Olivenöl |
| 3 | Karotten, gehackt |
| 3 | Kartoffeln, gehackt |
| 2 | Tassen Linsen |
| 1 EL | Petersilie, gehackt |
| 1/2 EL | Majoran |
| 1/2 EL | Thymian |
| 1 | Holunderblatt |
| | Cayennepfeffer |

- Zwiebel und Knoblauch im Olivenöl anbraten
- Gemüsebrühe und restliche Zutaten hinzugeben
- Ca. 1 Std. köcheln lassen

**6 Portionen**

| | |
|---|---|
| Kalorien: | 217 |
| Protein: | 9 |
| Kohlenhydrate: | 45 |
| Fett: | 5 |

Noch ein Gericht mit wenig Fett!

»EINE HANDVOLL GEDULD IST MEHR WERT
ALS EIN SCHEFFEL VERSTAND.«

HOLLÄNDISCHES SPRICHWORT

»DIE GESUNDHEITSFANATIKER WERDEN SICH SCHÖN BLÖD VORKOMMEN, WENN SIE IRGENDWANN IM KRANKENHAUS ENDEN UND AN NICHTS STERBEN.«

REDD FOXX

# GEFLÜGEL

»HÖRT AUF, REAGAN UND GORBATSCHOW DIE
MÄCHTIGSTEN MÄNNER DER WELT ZU NENNEN.
NICHT EINER VON IHNEN
DRÜCKT MEHR ALS 50 KG AUF DER BANK«

AL ORDOVERS

# HUHN ITALIENISCH

3 Hühnerbrustfilets
1/2 Tasse italienisches Salatdressing
schwarzer Pfeffer

- Die Filets in Dressing einlegen und über Nacht ziehen lassen
- Bei 175 Grad für ca. 45 Min. backen

**pro Filet**

| | |
|---|---|
| Kalorien: | 327 |
| Protein: | 54 |
| Kohlenhydrate: | 2 |
| Fett: | 10 |

Lassen Sie sich von der Einfachheit dieses Rezeptes nicht täuschen: Es schmeckt phantastisch und ist genau das Richtige für Gäste.

# HUHN »ISLAND«

| | |
|---|---|
| 3 | Hühnerbrustfilets, mundgerecht zerteilt |
| 3 EL | Öl |
| 1/4 | Tasse brauner Zucker |
| 2 | Tassen Wasser |
| 3 EL | Ketchup |
| 6 | Tassen Reis, gekocht |

Marinade:

| | |
|---|---|
| 3 | Tomaten, geviertelt |
| 4 | Frühlingszwiebeln, gehackt |
| 1/2 | Tasse Petersilie, gehackt |
| 2 | Knoblauchzehen, gehackt |
| 1/4 TL | Thymian |
| 1/4 | Tasse Weißweinessig |
| 1 EL | Worchestershire-Soße |
| 1 EL | Öl |

- Das Huhn über Nacht in einer bedeckten Kasserole marinieren
- Zucker im Öl erhitzen, bis er schmilzt und Bläschen bildet
- Eine Tasse Wasser einrühren und kochen, bis sich der Zucker auflöst
- Restliches Wasser und den Ketchup hinzugeben und gut verrühren
- Zuckersoße über die Filets in der Kasserole geben und gut durchrühren
- Bei 175 Grad ca. 1 Std. backen

**ca. 8 Portionen**

(3/4 Tasse Reis pro Portion)

| | |
|---|---|
| Kalorien: | 386 |
| Protein: | 25 |
| Kohlenhydrate: | 48 |
| Fett: | 10 |

Schmeckt mit jedem Tag besser.

# GEBACKENES HUHN

| | |
|---|---|
| 2 | Hühnerbrustfilets, halbiert |
| 2/3 | Tasse italienisches Paniermehl (Paniermehl mit italienischer Gewürzmischung vermengen) |
| 1 | Ei |

- Filets waschen und trocken klopfen
- Filets in das geschlagene Ei tauchen und panieren
- Bei 175 Grad von beiden Seiten für je 20 Min. backen

**2 Portionen**

| | |
|---|---|
| Kalorien: | 509 |
| Protein: | 64 |
| Kohlenhydrate: | 36 |
| Fett: | 11 |

Schmeckt so gut, daß Sie zum Essen nicht einmal den Fernseher einschalten werden.

# HUHN MIT TOMATEN AUF NATURREIS

| | |
|---|---|
| 2 | Hühnerbrustfilets, mundgerecht zerteilt |
| 1 | Dose italienische Tomaten (400g) |
| 1 | Pfefferschote, gehackt |
| 1 | Zwiebel, gehackt |
| 1/2 | Tasse Rotwein |
| 1 TL | Basilikum |
| 1 TL | Oregano |
| 2 | Knoblauchzehen, zerdrückt |
| | Pfeffer, einige Prisen |
| 2 EL | Parmesankäse, gerieben |
| 3 | Tassen Naturreis |

- Reis kochen
- Alle Zutaten, ausgenommen den Käse, in einer Kasserole vermischen
- Parmesan über die Masse streuen
- Bei 175 Grad für 45 Min. backen
- Auf Reis servieren

**4 Portionen**

| | |
|---|---|
| Kalorien: | 471 |
| Protein: | 34 |
| Kohlenhydrate: | 58 |
| Fett: | 6 |

Sehr einfach in der Zubereitung und ebenso leicht zu genießen. Ideal zum Aufwärmen.

# ENCHILADAS MIT HUHN

| | |
|---|---|
| 2 | Hühnerbrustfilets |
| 800ml | Enchilada-Soße (siehe Anhang) |
| 1 | Zwiebel, gehackt |
| 1 | Tasse Cheddar-Käse, gerieben |
| 1 | Glas kernlose schwarze Oliven, 185g |
| 1 | Glas grüne Chilis (155g), zerkleinert |
| 9 | Tortillas |

- Filets 40 Min. braten
- Kalt werden lassen und zerkleinern
- Reichlich Enchilada-Soße in eine Pfanne geben und erhitzen
- Tortillas in die Soße tauchen, aber nicht zu lange, da sie sonst zu weich werden
- Reichlich Huhn, Zwiebeln und Chilis auf die Tortillas verteilen
- Tortillas einrollen und mit dem Saum nach unten in einer Auflaufform plazieren
- Restliche Enchilada-Soße, Huhn und Chilis darübergeben
- Mit schwarzen Oliven und Käse garnieren
- Bei 175 Grad für 30 Min. backen

**5 Portionen.** Die Enchilada-Soße ist in der Auflistung nicht enthalten, da der Nährstoffgehalt von den jweiligen Zutaten abhängt (siehe Anhang).

| | |
|---|---|
| Kalorien: | 319 |
| Protein: | 26 |
| Kohlenhydrate: | 24 |
| Fett: | 12 |

Servieren Sie dazu gebackene Bohnen und Sauerrahm. Hhhhmmmm!

# HÜHNER BISQUITS

| | |
|---|---|
| 1 | ganze Hühnerbrust |
| 1 EL | Butter |
| 2 | Selleriestangen, in kleine Würfel geschnitten |
| 3 | Karotten, in kleine Würfel geschnitten |
| 1/4 TL | Knoblauchpulver |
| 1/4 TL | Thymian |
| 1 | Dose gute Hühnersuppe (400ml) |
| 1 | Tasse Hühnerbrühe |
| 10 | Bisquits (selbstgemachte sind zu empfehlen) |
| | Pfeffer (optional) |

- Hühnerbrust für ca. 40 Min. kochen, zum Abkühlen entnehmen. Die Brühe nicht abgießen
- Sellerie und Karotten 4 Min. in Butter schmoren; Knoblauch und Thymian (und Pfeffer, falls gewünscht) hinzugeben; gut durchrühren
- Fett mit einem Löffel aus der Hühnerbrühe abschöpfen und die Brühe zur Gemüse/Gewürz-Mischung geben
- Hühnersuppe einrühren
- Hühnerfleisch zerkleinern und ebenfalls hinzugeben
- Das Ganze in eine Kasserole füllen und mit den Bisquits bedecken
- Bei 200 Grad für 15 Min. backen

**4 Portionen**

| | |
|---|---|
| Kalorien: | 426 |
| Protein: | 21 |
| Kohlenhydrate: | 42 |
| Fett: | 19 |

Dieses Gericht fällt unter die zehn besten Rezepte, mit denen ich aufwarten kann!

# PUTENAUFLAUF

| | |
|---|---|
| 1 kg | Putenhack |
| 2 | Knoblauchzehen |
| 2 | Eier |
| 1/4 | Tasse Petersilie |
| 2 EL | Parmesankäse |
| 1 EL | Kapern |
| 1/4 TL | weißer Pfeffer |
| 2 | Scheiben trockenes Weißbrot |
| | Paprika |

Mit dem Mixer:

- Das Weißbrot zu feinem Paniermehl verarbeiten und entnehmen
- Knoblauch, Eier, Petersilie, Kapern und Pfeffer gut durchmixen
- Alle Zutaten vermischen (mit den Händen geht es noch am besten)

Von Hand:

- Knoblauch zerdrücken; Petersilie und Kapern kleinhacken, Weißbrot-Paniermehl hinzufügen
- Alle Zutaten vermischen (wie oben)

- Bei 175 Grad für 1 1/2 Std. backen

**4 Portionen**

| | |
|---|---|
| Kalorien: | 414 |
| Protein: | 51 |
| Kohlenhydrate: | 11 |
| Fett: | 20 |

Ideal zum Aufwärmen in der Mikrowelle, z.B. mit einem milden Käse überbacken.

# PUTENFLEISCHBÄLLCHEN AUF SANDWICHES

| | |
|---|---|
| 500g | Putenhack |
| 1 | Ei |
| 1/4 | Tasse Paniermehl |
| 1/2 | Zwiebel, gehackt |
| 1 TL | italienische Gewürzmischung |
| 2 EL | Salatöl |
| 1 | Glas Spaghettisoße (400ml Ihrer Lieblingssorte), |
| 1 | Tasse Mozzarella, gerieben |
| 1 | kleines Baguette (franz. Stangenbrot) |

- Putenfleisch, Ei, Paniermehl, Zwiebel und Gewürz vermengen
- Die Masse zu kleinen Bällchen (oder Röllchen) formen und diese braten, bis sie gut durch sind
- Etwas Paniermehl in die Spaghettisoße geben
- Das Baguette der Länge nach aufschneiden und ein wenig aushöhlen, so daß zwei Schalen entstehen
- Etwas Soße und Käse in die Brotschalen geben und im Backofen erwärmen
- Brot mit Fleischbällchen, Soße und dem restlichen Käse füllen

**4 Portionen**

| | |
|---|---|
| Kalorien: | 531 |
| Protein: | 38 |
| Kohlenhydrate: | 42 |
| Fett: | 25 |

Dieses Gericht entwickelt seinen besonderen Geschmack über Nacht, die Sandwiches schmecken aufgebacken noch besser als am Abend zuvor.

# GEFÜLLTE PAPRIKA »SOUTHWESTERN STYLE«

| | |
|---|---|
| 3 | rote Paprikaschoten |
| 2 | Gläser Chili (à 155g) |
| 500g | Putenhack |
| 1 TL | Chilipulver |
| 3/4 | Tasse Mais, frisch vom Kolben |
| | Cayennepfeffer |
| 1 | Tasse Cheddar-Käse, gerieben |

- Paprika der Länge nach halbieren und ausnehmen
- Putenhack anbraten
- Chili, Mais und Gewürz hinzugeben; gut verrühren. Mit Cayennepfeffer abschmecken
- Paprikahälften mit der Masse füllen, in eine Auflaufform legen und mit Käse bestreuen
- Bei 150 Grad für ca. 30 Min. backen

**Pro halbe Paprika**

| | |
|---|---|
| Kalorien: | 275 |
| Protein: | 25 |
| Kohlenhydrate: | 19 |
| Fett: | 12 |

Mit gutem Chili und frischem Mais vom Kolben einfach köstlich.

»DAS GEHEIMNIS, JUNG ZU BLEIBEN, IST SIMPEL:
AUFRICHTIG LEBEN, LANGSAM ESSEN
UND BEI FRAGEN NACH DEM ALTER LÜGEN.«

LUCILLE BALL

# SNACKS

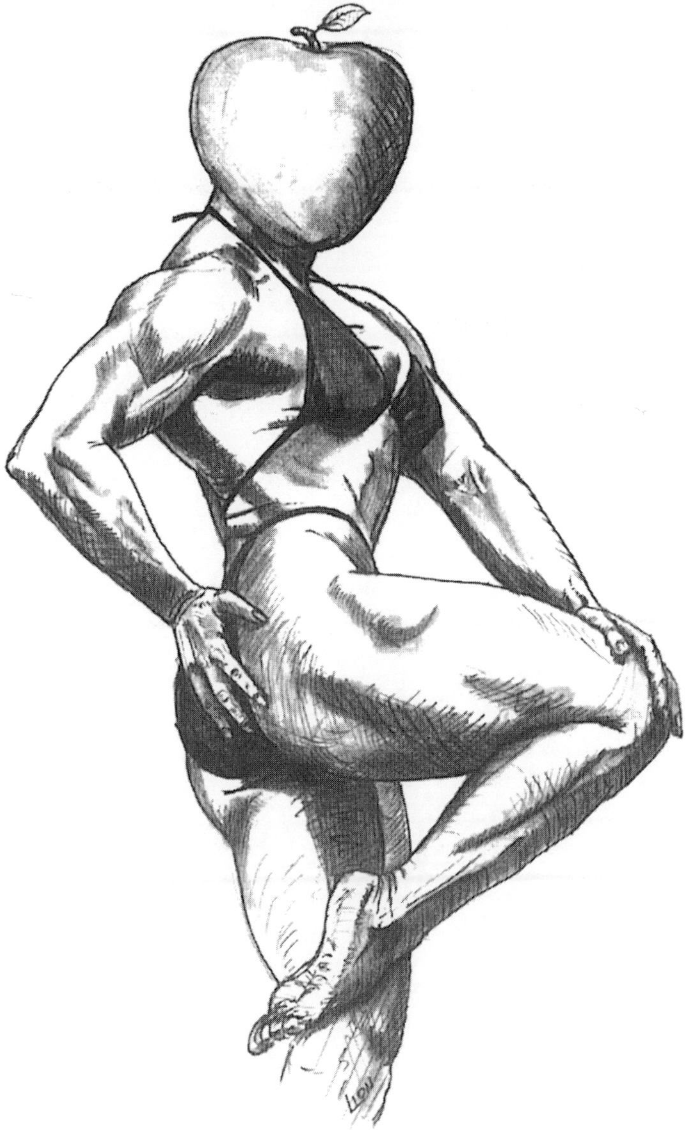

»NICHT DAS PFERD ZIEHT DEN WAGEN,
SONDERN DER HAFER.«

RUSSISCHES SPRICHWORT

# BIGGER BODY-RIEGEL

| | |
|---|---|
| 1 | Tasse Apfelsaftkonzentrat |
| 1/2 | Tasse Butter (leicht geschmolzen) |
| 1 TL | Vanille |
| 3 | Eier |
| 2 | Tassen Vollkornweizenmehl |
| 1 | Tasse Weizenkeime |
| 1/2 TL | Backpulver |
| 1/2 TL | Backaroma |
| 1 | Tasse Sonnenblumenkerne |
| 1 | Tasse Pekan-Nüsse, kleingehackt |
| 1 | Tasse Rosinen |
| 1 | Tasse Datteln, geschält |

- Apfelsaftkonzentrat, Butter, Vanille und Eier verrühren
- Mehl, Hefe, Backpulver und -aroma vermengen und in die Masse einrühren
- Restliche Zutaten hinzugeben und gut mischen
- Masse in eine gefettete Auflauf- oder Backform füllen
- Bei 175 Grad ca. 30 Min. backen, bis die Oberfläche goldbraun ist
- Abkühlen lassen und in Streifen schneiden; im Kühlschrank frischhalten

**12 Riegel, pro Riegel**

| | |
|---|---|
| Kalorien: | 437 |
| Protein: | 11 |
| Kohlenhydrate: | 53 |
| Fett: | 24 |

Die Zubereitung ist ein bißchen mühsam, aber Bigger Body-Riegel sind die besten Zwischenmahlzeiten und reichen für einige Tage.

# ENERGIE-RIEGEL

1 Tasse Erdnußbutter
1 Tasse Honig
1 Tasse Proteinpulver
3 Tassen Weizenkeime

- Alle Zutaten verrühren, in eine Backform oder Tupperware mit Deckel füllen, im Kühlschrank hart werden lassen. In Streifen schneiden und genießen

**15 Riegel, pro Streifen**

| | |
|---|---|
| Kalorien: | 307 |
| Protein: | 15 |
| Kohlenhydrate: | 42 |
| Fett: | 78 |

Proteinpulver, Weight Gainer oder Metabolic Optimizer sind gleich gut geeignet; ich bevorzuge Schokoladengeschmack. Je nach Produkt ändert sich der Nährwert.

# DATTELBROT

| | |
|---|---|
| 1 1/2 | Tassen kochendes Wasser |
| 2 | Tassen Datteln, geschält |
| 4 | Tassen Vollkornweizenmehl |
| 2 TL | Backaroma |
| 2 | Eier |
| 3 EL | Butter, geschmolzen |
| 1 | Tasse Honig |
| 1 EL | Vanille |
| 1 | Tasse Pekan-Nüsse, kleingehackt |

- Wasser über die Datteln geben und 30 Min. ziehen lassen
- Mehl und Backaroma vermischen
- Eier, Butter, Honig und Vanille verrühren
- Datteln und Pekans hinzugeben; gut durchrühren
- Pekans in die Masse einrühren und in eine gefettete Auflauf- oder Backform füllen
- Bei 150 Grad für 45 Min. backen

**15 Scheiben, pro Scheibe**

| | |
|---|---|
| Kalorien: | 304 |
| Protein: | 5 |
| Kohlenhydrate: | 58 |
| Fett: | 7 |

Brot kühl lagern und erst beim Servieren schneiden, um ein Austrocknen zu vermeiden.

# BANANEN-SCHROT-BROT

| | |
|---|---|
| 1 | Tasse Vollkornweizenmehl |
| 1 | Tasse ungebleichtes Weißmehl |
| 1 TL | Backaroma |
| 1/2 TL | Salz |
| | |
| 1/2 | Tasse weiche Butter |
| 3/4 | Tasse Honig |
| 2 | Eier |
| | |
| 2 | große Bananen, zerdrückt |
| 1 1/2 | Tassen Weizenschrot |
| | |
| 3/4 | Tasse Pekan-Nüsse, kleingehackt |
| 3/4 | Tasse Rosinen |

- Die ersten vier Zutaten in einer großen Schüssel vermischen
- Honig und Butter verrühren, Eier hinzugeben und durchrühren
- Bananen und Schrot gut vermengen
- Honig- und Bananenmasse in die Mehlmischung geben und gut durchkneten; dabei Pekan-Nüsse und Rosinen hinzugeben
- Masse in eine gefettete Auflauf- oder Backform füllen
- Bei 175 Grad für 50-60 Min. backen

**10 Scheiben, pro Scheibe**

| | |
|---|---|
| Kalorien: | 433 |
| Protein: | 10 |
| Kohlenhydrate: | 77 |
| Fett: | 15 |

Mit einem Glas Milch schmeckt dieses Brot hervorragend zum Frühstück. Wenn es Ihnen als Kuchen lieber ist, geben Sie einfach Schokoladenflocken hinzu.

# REIS-SALAT

| | |
|---|---|
| 1 | Tasse Reis, ungekocht |
| 3 | hartgekochte Eier |
| 3 | Selleriestangen |
| 1 | grüne oder rote Pfefferschote |
| 1 | Bund Frühlingszwiebeln |
| 1 | Glas spanische Oliven (85g) |
| 1 | kl. Dose entkernte schwarze Oliven, geschnitten |
| 1 EL | Petersilie |
| 1/2 | Tasse Mayonnaise |

- Reis bis zur gewünschten Festigkeit kochen
- Eier, Sellerie, Pfefferschote, Frühlingszwiebeln, Oliven und Petersilie zerkleinern
- Reis mit allen Zutaten in einer großen Schüssel vermengen und zum Kühlen in den Eisschrank stellen

**5 große Portionen**

| | |
|---|---|
| Kalorien: | 371 |
| Protein: | 8 |
| Kohlenhydrate: | 29 |
| Fett: | 26 |

Wetten, Sie hätten nicht geglaubt, daß Reis so gut schmecken kann?

# KAROTTENAUFLAUF MIT ROTEN BEETEN

| | |
|---|---|
| 3 | große Rote Beete, roh |
| 250g | Karotten |
| 5 EL | Butter |
| 1 1/2 | Bund Frühlingszwiebeln, zerkleinert (mit dem Grün) |
| 3 | Knoblauchzehen, gehackt |
| 250g | Cheddar-Käse, gerieben |

- Rote Beete reinigen, die Enden abschneiden, dann 15 Minuten dünsten
- Karotten hinzugeben (vorbereiten wie die Rote Beete) und zusammen dünsten, bis eine Gabel leicht eindringen kann
- Zwiebeln und Knoblauch in der Butter schmoren, bis die Zwiebeln weich werden
- Karotten und Rote Beete über eine Reibe in eine Auflaufform geben
- Zwiebeln und Knoblauch mit Flüssigkeit hinzugeben, alles gut vermengen und mit Käse bedecken
- Backen, bis der Käse goldbraun wird

**ca. 6 Portionen**

| | |
|---|---|
| Kalorien: | 302 |
| Protein: | 12 |
| Kohlenhydrate: | 14 |
| Fett: | 23 |

Die Zubereitung ist langweilig, aber das Ergebnis kann sich sehen lassen. Servieren Sie den Auflauf mit schwarzen Bohnen und frischem Vollkornbrot.

# BEANO BURRITOS

| | |
|---|---|
| 1 EL | Butter |
| 1 | Zwiebel, gehackt |
| 1 | Dose gebackene Bohnen |
| 1/2 | Tasse Reis |
| 1/4 | Tasse Salsa |
| 1 | Tomate, gehackt |
| 1 | Tasse Cheddar-Käse, gerieben |
| 6 | Tortillas |

- Reis kochen
- Zwiebel für ca. 3 Minuten in der Butter schmoren
- Bohnen, Reis, Salsa und Tomaten hinzugeben; bei ständigem Rühren erhitzen
- Tortillas eine nach der andern in der Pfanne aufbacken
- Bohnenmasse auf alle Tortillas (jeweils in der Mitte) verteilen und mit Käse bedecken
- Tortillas zusammenklappen oder aufrollen; kurz erhitzen

| **Pro Burrito** | |
|---|---|
| Kalorien: | 245 |
| Protein: | 10 |
| Kohlenhydrate: | 34 |
| Fett: | 9 |

So gut, daß man leicht zu viele davon ißt.

# POWER-PFANNKUCHEN

| | |
|---|---|
| | Übliche Zutaten für 4 Pfannkuchen |
| 1/4 | Tasse Sonnenblumenkerne |
| 1/4 | Tasse Rosinen |
| 1/3 | Tasse Haferflocken |
| 1/2 | Tasse Weizenkeime |
| | Für den Belag: |
| 2 | Bananen, zerdrückt |
| 1/4 | Tasse Honig |
| 1 EL | Marmelade (je nach Geschmack) |

- Pfannkuchenteig wie gewohnt zubereiten, die restlichen Zutaten hinzugeben und gut durchrühren
- Während des Backens die Zutaten für den Belag vermengen

**2 leckere Portionen**

| | |
|---|---|
| Kalorien: | 747 |
| Protein: | 21 |
| Kohlenhydrate: | 137 |
| Fett: | 18 |

Ein Super-Frühstück; Sie werden bis zum Mittagessen garantiert keinen Hunger mehr verspüren.

»ES IST EINFACH DAS GRÖSSTE,
ETWAS ZU SCHAFFEN,
WAS EINEM ANDERE LEUTE NICHT ZUTRAUEN.«

WALTER BAGEHOT

»SELBST AUF DEM RICHTIGEN WEG
KANN MAN ÜBERRANNT WERDEN,
WENN MAN DORT EINFACH NUR HERUMSITZT.«

WILL ROGERS

# PROTEIN-DRINKS

»WER GAR NICHTS TUT,
KANN AUCH KEINE FEHLER MACHEN.«

ENGLISCHES SPRICHWORT

## THE BASIC BLASTER

| | |
|---|---|
| 2 | Tassen Vollmilch |
| 2 | Eier |
| 2 EL | Milchpulver ohne Fett |
| 2 EL | Honig |
| 2 EL | Hefe |
| 2 | gefrorene Bananen |

2 Portionen; pro Portion

| | |
|---|---|
| Kalorien: | 460 |
| Protein: | 25 |
| Kohlenhydrate: | 65 |
| Fett: | 14 |

Als reiner Proteindrink viel zu gut.

## DER GANZ EINFACHE DRINK

| | |
|---|---|
| 225g | Halb & Halb (halb Vollmilch, halb fettarme Milch) |
| 225g | Joghurt (nach Ihrem Geschmack) |
| 3 | Eier |
| 1/2 | Tasse Milchpulver |
| 1/2 | Tasse Proteinpulver |

2 Portionen; pro Portion

| | |
|---|---|
| Kalorien: | 470 |
| Protein: | 38 |
| Kohlenhydrate: | 23 |
| Fett: | 24 |

Einfacher gehts nimmer.

## PEANUT BUTTER BOMBER

- 1 1/2 Tassen Vollmilch
- 2 EL Erdnußbutter
- 1 EL Hefe
- 1/2 Tasse Milchpulver
- 1/2 Tasse Proteinpulver
- 2 EL Honig
- 1 gefrorene Banane

2 Portionen; pro Portion

| | |
|---|---|
| Kalorien: | 471 |
| Protein: | 35 |
| Kohlenhydrate: | 55 |
| Fett: | 15 |

Warum ein Milchshake, wenn ein Protein-Drink so gut schmecken kann?

## HUMDINGER

- 1 1/2 Tassen Orangensaft, frisch gepreßt
- 1/2 Tasse Wasser
- 1 gefrorene Banane
- 1 Tasse Vanilleeis

2 Portionen; pro Portion

| | |
|---|---|
| Kalorien: | 270 |
| Protein: | 4 |
| Kohlenhydrate: | 49 |
| Fett: | 8 |

Ein unglaublich leckerer Energie-Drink; am Besten vor dem Training.

## BLAUBEER SPEZIAL

2 Tassen Vollmilch
1 Banane
1 Tasse gefrorene Blaubeeren
1/2 Tasse Milchpulver
2 EL Lecithin-Granulat
1 EL Honig

2 Portionen; pro Portion

| | |
|---|---|
| Kalorien: | 390 |
| Protein: | 16 |
| Kohlenhydrate: | 54 |
| Fett: | 15 |

...und Sie können immer noch Eiscreme hinzugeben.

## ERDBEER PRO

2 Tassen Vollmilch
1 Banane
1 Tasse gefrorene Erdbeeren
1/2 Tasse Proteinpulver
1 EL Hefe

2 Portionen; pro Portion

| | |
|---|---|
| Kalorien: | 307 |
| Protein: | 26 |
| Kohlenhydrate: | 35 |
| Fett: | 9 |

Dieser Drink ist alles andere als süß; sollten Sie einen »süßen Zahn« haben, geben Sie einfach etwas Honig oder Eiscreme hinzu.

## RICHEY RICH

1 Tasse Milch
1 Tasse Sahne
2 Eier
1 Tasse Milchpulver
1 gefrorene Banane

3 Portionen; pro Portion

| | |
|---|---|
| Kalorien: | 500 |
| Protein: | 17 |
| Kohlenhydrate: | 28 |
| Fett: | 36 |

So gewaltig wie Arnold. Achten Sie bei diesem Baby auf Ihre Taille.

## »SUPER KNIEBEUGEN« DRINK

4 Tassen Vollmilch
2 Tassen Milchpulver
1/4 Tasse Hefe
1 Banane
2 EL Weizenkeimöl
1 großer Löffel Vanilleeis

**Gesamt** (eine Riesenportion)

| | |
|---|---|
| Kalorien: | 1890 |
| Protein: | 121 |
| Kohlenhydrate: | 209 |
| Fett: | 76 |

Sicher ist das eine Menge Fett, aber haben Sie Randalls Super Kniebeugen-Programm schon ausprobiert? Das Fett wird sofort umgesetzt.

»DREI VON VIER ÄRZTEN EMPFEHLEN
EINEN ANDEREN ARZT.«

GRAFFITI

# ANHANG

Falls Sie in Ihrer näheren Umgebung keine Tortillas, Enchilada-Soße oder Salsa erhalten oder Ihnen die Fertigware geschmacklich nicht zusagt, so probieren Sie diese mexikanischen Originalrezepte:

## TORTILLAS (12 Stück)

**175g Maismehl**
**1 TL Salz**
**1/4 l Wasser**

- Maismehl und Salz in einer Rührschüssel vermengen
- Unter ständigem Rühren Wassser hinzugießen
- Den Teig mit den Händen kneten; solange eßlöffelweise Wasser hinzugeben, bis die Masse fest ist und nicht mehr an den Fingern klebt
- Aus dem Teig zwölf gleich große Bällchen formen und mit dem Nudelholz zu 12–13 cm großen, ca. 2 mm dicken Fladen ausrollen
- Die Tortillas in der Pfanne bei mäßiger Hitze von beiden Seiten 2 Min. braten, bis sie zart gebräunt sind
- Um Tortillas wieder aufzuwärmen, beide Seiten anfeuchten und die Fladen kurz in der Pfanne erhitzen

## SALSA CRUDA (scharfe Soße mit rohen Tomaten)

**500g geschälte Tomaten**
**1/3 Tasse Zwiebeln, feingehackt**
**1 EL Petersilie, grobgehackt**
**1 TL Pfefferschoten, gewässert, abgetropft und gehackt (s.u.)**
**1/2 TL Salz**
**1/8 TL schwarzer Pfeffer, frisch gemahlen**
**1 Prise Zucker**

- Tomaten in kleine Stücke schneiden und im eigenen Saft mit den restlichen Zutaten verrühren; abschmecken und nachwürzen, wenn nötig

## ENCHILADA-SOSSE

| | |
|---|---|
| 6 | getrocknete Pfefferschoten (ersatzweise getr. Chilis) |
| 1/4 l | kochendes Wasser |
| 5 | frische Tomaten, gehäutet, entkernt und grob zerhackt |
| 1/2 | Tasse Zwiebeln, grobgehackt |
| 1/4 TL | Knoblauch, feingehackt |
| 1/2 TL | zerbröckeltes, getrocknetes Epazote, wenn erhältlich |
| 1 | Prise Zucker |
| 1 TL | Salz |
| 1/4 TL | schwarzer Pfeffer, frisch gemahlen |
| 15g | Butter |
| 2 | Eier, geschlagen |
| 1/4 l | süße Sahne |

- Stengel und Innereien der Pfefferschoten unter fließendem kalten Wasser entfernen
- Schoten in kleine Stücke reißen, mit kochendem Wasser übergießen und 30 Min. stehen lassen
- Schoten mit Einweichwasser in einen Mixer füllen und zerkleinern
- Tomaten, Zwiebeln, Knoblauch, Epazote, Zucker, Salz und Pfeffer hinzugeben und pürieren
- Butter in einer Pfanne bei mittlerer Hitze auslassen und darin das Pfefferschoten-Püree 5 Min. schmoren, dann vom Herd nehmen
- Eier und Sahne vermengen und unter ständigem Rühren in die Soße gießen

◆ ◆ ◆